教育DXは何をもたらすか

「個別最適化」社会のゆくえ

中西新太郎
谷口　　聡
世取山洋介　著

福祉国家構想研究会　編

大月書店

まえがき

第三次ＡＩブームの到来にともなって、「これからの社会は一気に変わる」という観測が世にあふれるようになった。デジタル化の推進による社会改造抜きに未来はないとばかりに、「ていねい」な検討も民主主義的な手続きも無視して、ＤＸの具体化を強行に推し進める政府の姿勢がきわだっている。テクノロジーの発達を社会生活にどのように活用するかという課題はすぐれて政治的な性格を帯びているが、「技術進歩は私たちの生活を便利にする」というイメージ（思いこみ）は、テクノロジー利用にひそむ政治を看過させる。技術進歩に追いつかねば不利になるという不安が、こうした傾向に拍車をかける。スマホ利用など、デジタル化がもたらした利便を体験しているから、ＤＸ推進政策もその延長線上で受け入れやすい。

しかし、それならば、政府が「いまこそＤＸを一気に実現すべき」と躍起になって言い立てるのはなぜなのか。

政府そして財界の望むデジタル化社会の未来像があり、その実現を妨げる社会的・政治的障害を突き崩さなければならないからである。障害とは、たとえば、個人情報を「有効に」（自由に）利用させない規制の存在等々のことだ。どのようなデジタル化をどのように進めるかをめぐって、検討すべき問題、政治的な主題がある。ＤＸ推進という政策は、日本社会をどう変えるかに関する特定の方向・立場を示しており、それが妥当で望ましいかどうか検証されるべきことがら、十分な検討を要する政治的な主題なのである。

本書が批判的検討の対象に据える教育ＤＸについても同様である。教育ＤＸ推進論は教育分野のデジタル化に関する特定の方向・立場を表明しており、その実現を妨げる障害の除去、たとえば公教育分野への民間、営利企業の導入等を強く求める。教育ＤＸは、教育分野でのＩＴ活用の唯一の方策ではなく、ＤＸ推進と同じく、その妥当性が検証されるべきテーマにすぎない。にもかかわらず、既定路線であるかのように教育ＤＸ推進が叫ばれるのは、政財界が構想するデジタル化社会に役立つ人材の開発に教育ＤＸが欠かせないからだ。人材開発型教育への転換を果たす梃子が教育ＤＸにほかならない。教育ＤＸがめざしているのは、ＩＴ活用による学習・教授方法の改善という狭い範囲の教育改革ではなく、教育体制と内容との全面的な改変なのである。

こうした目的からして、教育ＤＸ推進論は新自由主義教育改革の徹底という役割をになっている。そしてその性格を明瞭に示しているのが、ＩＴ活用を前面に立てた教育・学習アプローチとしての「個別最適化」である。本書は、「個別最適化」手法に示される教育ＤＸの新自由主義的特質を明らかにし、あわせて、教育ＤＸのめざす人材開発型教育構想に対抗する視点を追求する。

第1章では、デジタル社会化政策の一環である教育ＤＸ構想の出現過程とこれを進める諸アクターそれぞれの政策展開とを跡づけ、「個別最適化」を志向する教育ＤＸが、この間の文教政策が追求してきた「能力に応じた教育」（能力主義秩序）の徹底につながることを示す。

第2章は、学習・教育の「個別最適化」を支える「データ駆動」の問題点を指摘したうえで、主体的で自由な学びを実現するという「個別最適化」のロジックに照らし、それが新自由主義化した社会の要求する能力主義秩序の具体化にいかに有効かを示す。

第3章では、教育DXがめざす新たな能力主義秩序にたいし、学習権を基本に据える教育構想を対置する。個別最適化論の能力観とは異なる、他者との協働が不可欠な学び（学習権の行使）の特質を示し、あわせて、学習権を保障する教育行政のあり方に触れる。

第4章は、教育DX構想がとらえていない教育困難の特質を踏まえ、人材開発型教育に対抗する構想として生存権保障の教育を対置する。〈社会人〉への陶冶《とうや》を核とするこの構想では、ケア関係を組みこんだ教育関係の再生が不可欠であることを示す。

本書は、福祉国家構想研究会主催の講座（「新自由主義教育改革の現段階と対抗戦略――なぜ今「できるようになる教育」なのか?」2021年9月）におけるセッションをもとにしている。世取山洋介氏の発案による書籍化では、当日の報告、討論に加筆した原稿に加え、世取山氏による「まえがき」と「まとめ」とが予定されていたが、同氏の急逝により、それが叶わなかった。無念の一語に尽きる。しかし、世取山氏の現状認識と課題設定が本書の骨格を支えていることは、鼎談として収録した討論での同氏の発言から確認できよう。「ある種の人格を上からつくりあげる」新自由主義の特質を、いま、「正面から考える」べきだという世取山氏の明察が本書を生み出す原動力となった。

コロナ禍を口実とした教育ＤＸの強行が教育現場の逼迫をよりいっそう強めることが危惧される。子どもたちの成長にいま必要なことは何かという視点に立ち、教育ＤＸの内実にたいする活発な議論が広がることを期待したい。

２０２３年２月１日

中西新太郎

教育DXは何をもたらすか
「個別最適化」社会のゆくえ　目次

第1部

ここまで来ている教育DX

第1章　教育DXで変わる学校

谷口　聡

はじめに

本章の目的は、2010年代半ば以降、日本政府が推進するデジタル社会形成政策のもとで学校教育がどのように変容させられようとしているのか、その背景にはいかなる主体のいかなる目的があるのかを明らかにすることにある。本章では、日本社会のデジタル化の現状と今後の方向性を、政府の成長戦略という背景を踏まえながら概観し（第1節）、そのなかで学校教育のデジタル化（教育DX）がいかなる主体によってどのように進められようとしているのか、その背景には何があるのかを分析し（第2節）、そのうえで、教育DXが学習指導要領の改訂と連動して学校教育のあり方を今後どのように変容させようとするものなのかを明らかにしていきたい（第3節）。

1　社会のデジタル化の今と未来

デジタル化の進展とＤＸ

総務省が毎年実施している「通信利用動向調査」（２０２２年5月27日）によれば、スマートフォンを保有する世帯の割合は約90％、ＳＮＳを利用する個人の割合は約80％に達している。インターネットでの情報収集（地図、ニュース閲覧等）、娯楽（動画、音楽、ゲーム等）、コミュニケーション（ＳＮＳ、メッセージ等）、買物、決済、健康管理などは一般的なものとなり、人々の生活、意識、行動を変容させている。同時に、ＩｏＴ、センサー、ＧＰＳなどの関連技術の発展をともないながらインターネットの利用が拡大するにつれ、多様かつ大量のデータ（ビッグデータ）の蓄積が進み、それを用いて自律的に学習（ディープラーニング）する人工知能（ＡＩ）の発展も進んでいる。ロボット掃除機、カスタマーサポートセンターのチャットポッド、購買データを分析して顧客が好みそうな商品を自動提案（レコメンド）するネットショップ、各事業所が保持している販売データを解析する在庫管理システムなど、ＡＩはさまざまなかたちで実用されている。ＡＩは、ビッグデータから事象と事象のあいだに存在する相関関係を人間には不可能なレベルで発見することができるため、今後さらなる活用が見込まれている。他方で、人間のように想定外の出来事に臨機応変に対処できる汎用性をもったＡＩは完成しておらず、偏った判断をする恐れ（バイアス問題）や、ＡＩの判断の過程や根拠がそれを制作・管理する人間にもわからない（ブラックボックス問題）など、課題も多い。

このように、インターネットの普及、ビッグデータの蓄積、ＡＩの発達にともなって社会のデジタル化は急速に進んでおり、コロナ禍以降さらに加速している。テレワークやオンライン教育はその象徴だろう。ところで、今日あたりまえのように言われる「デジタル化（digitalize）」とは何か。辞書的には、「あるデータを有限桁の数字列（たとえば2進数）として表現すること」と定義される。古くはデジタル時計、デジタルカメラ、デジタル放送などのかたちで実用化されている。データのデジタル化は、すなわちコンピュータが処理できる形式に変換することでもある。データは、デジタル化によって集約・複製・共有が容易となり、時間・距離・質量の制約を超える。

では、デジタル化は、日本社会において今後どのように進展していくのか、あるいは、進展させていくべきなのだろうか。ＡＩの発展にたいする楽観論と脅威論が渦巻いていることからもわかるように、論争的な問いであり、容易に正答を導き出せるとは考えられない。しかし、２０１０年代後半以降の日本政府は、この問いにたいするある種の解を設定し、それに向けた政策を構想、推進している。

それは、「デジタルトランスフォーメーション（Digital Transformation）」（以下、ＤＸ）という方向でのデジタル化である。ＤＸは、２００４年にスウェーデンのエリック・ストルターマン教授によって提唱された概念であるが、これを経産省が企業のビジネスモデルを刷新するキーワードに位置づけた。*1その定義はさまざまなものが散見されるが、ここでは経産省の次の定義に則してＤＸを理解しておく。

ＤＸとは「企業がビジネス環境の激しい変化に対応し、データとデジタル技術を活用して、顧客や社会のニーズをもとに、製品やサービス、ビジネスモデルを変革するとともに、業務そのものや、組織、プロセス、企業文化・風土を変革し、競争上の優位性を確立すること」[*2]である。つまり、既存のものやサービスの部分的・一時的な代替・補完としてのデジタル化（デジタルカメラ、ペーパーレス化、リモートワーク、オンライン教育）にとどまらず、トランスフォーメーション（変革）の名のとおり、デジタル技術を最大限活用して既存の組織やシステムを抜本的に変革することが、ＤＸだとされているのである。

抜本的変革をめざすＤＸは、短期間に実現できるものとは考えられておらず、次の３段階で進めていくことが提唱されている[*3]。第１段階は、アナログ・物理データをデジタルデータ化する「デジタイゼーション（Digitization）」（たとえば、紙文書の電子化）である。第２段階は、個別の業務・プロセスをデジタル化する「デジタライゼーション（Digitalization）」（たとえば、ＩｏＴによる工場のモニタリング）である。第３段階は、全体の業務・製造プロセスをデジタル化し、ビジネスモデルを変革する「デジタルトランスフォーメーション（ＤＸ）」である。近年、ＤＸの概念は、企業を対象とするものから、次第に行政官庁、学校などさまざまな主体・領域に拡張され、下記のとおりめざすべき未来社会構想にまで発展している。

政府の成長戦略と未来社会構想

日本政府による社会のデジタル化の端緒は、2000年の高度情報通信ネットワーク社会形成基本法（以下、IT基本法）の制定にさかのぼる。同法にもとづき内閣に「高度情報通信ネットワーク社会推進本部（IT戦略本部）」が設置され、「2005年までに世界最先端のIT国家になる」ことを掲げた「e-Japan戦略」（2001年1月22日）が策定された。この「e-Japan戦略」の内容に示されているように、当時のデジタル化の主眼は、IT環境の全国的な整備であった。

2012年に第2次安倍政権が誕生すると、「大胆な金融政策」「機動的な財政政策」「民間投資を喚起する成長戦略」を3本柱とする経済政策（アベノミクス）が遂行され、その成長戦略にITが位置づけられる。[*4] 成長戦略とは何か。2000年代前半に長期政権を築いた小泉政権と比較した場合、第2次安倍政権には次の特徴があることが指摘されている。第一の特徴は、首相官邸の主導による集権的な政策決定構造である。[*5] 小泉政権は、首相官邸・内閣府と各省庁・自民党族議員が時に対抗する関係のなかで政策が限定的ないし漸進的に実現される政治体制であった。たいして、第2次安倍政権以降は、首相官邸が各省庁や自民党を動員しつつ政策決定を主導する、より強力な集権体制となっている。第二の特徴は、小泉政権の政策の中心は、規制改革に代表される既存の政治経済体制の改変（キーワードは「官から民へ」）であったのにたいし、第2次安倍政権以降は、それに加えて官邸主導による包括的・積極的な産業政策＝成長戦略（キーワードは「官民連携」）が重視されている。[*6] 成長戦略を立案する機関[*7]が首相官邸に設置されたことは、その象徴である。同機関が審議・作成した「成長戦略[*8]」は、内閣府設置の経済財政諮問会議が審議・作成する「経済財政運営と改革の基本方針」（以下、「骨太の方針」）とあわせて、毎年6月に閣議決定されるという政策サイクルが確立された。これ以降、各省庁は、「骨太の方針」および「成長戦略」で示された枠組みのもと、次年度の予算編成・施策にとりくむ体制となった。同時に、産業政策を所管する経産省の影響力が増大した。

この成長戦略の柱としてＩＴが位置づけられ、今日の社会全体のデジタル化にまで継続、発展してきたのである。特に、ＧＡＦＡＭ（Google Amazon Facebook Apple Microsoft）と呼ばれるグローバルなプラットフォーマーの影響力が増大し、２０１６年の世界経済フォーラムで「第４次産業革命」が議論されると、各国の国家戦略におけるＩＴの重要性が高まった[*9]。

これらの流れを汲みながら、「総合科学技術・イノベーション会議」（Council for Science, Technology and Innovation 以下、ＣＳＴＩ）が未来の社会構想としてまとめたのが「Society5.0」である[*10]。Society5.0は、「ＩＣＴを最大限に活用し、サイバー空間とフィジカル空間（現実世界）とを融合させた取組により、人々に豊かさをもたらす「超スマート社会」」と定義され、これを「未来社会の姿として共有し、その実現に向けた一連の取組を更に深化させ、……世界に先駆けて……実現していく」と謳われた。Society5.0は、経団連によって積極的に受容されたのち[*11]、「骨太の方針２０１７～人材への投資を通じた生産性向上～」および「未来投資戦略 ２０１７―― Society 5.0の実現に向けた改革」（以下、「成長戦略２０１７」）（いずれも２０１７年6月9日閣議決定）の中心理念となった。

ＣＳＴＩは、内閣府の「重要政策に関する会議」（内閣府設置法18条）として、経済財政諮問会議と併置されている機関である。経済財政諮問会議が作成する「骨太の方針」が、あらゆる領域の政策を枠づけているのは既述したとおりである。つまり、「重要政策に関する会議」は、政府の政策決定においてもっとも影響力を有する実質的な最上位機関と言ってよい。ＣＳＴＩは、もともと総合科学技術会議であったが、「世界で最もイノベーションに適した国」を創るために改組された（２０１４年内閣府設置法改正）。[*12] その構成は、総理大臣が議長、官房長官、総務・財務・文科・経産大臣等が議員、研究者、経団連副会長をふくむ財界人などが有識者になっている。そのため、ＣＳＴＩは、経済財政諮問会議と同様に経済界の意向を政策形成に直接に反映しつつ、各省より一段高い立場から科学技術・イノベーション政策を推進する機関となっている。このように、経済財政諮問会議とＣＳＴＩが連動してイノベーション創出のための政策枠組みを構想し、経済成長を図ることが、国家戦略となっているのである。

他方で、Society5.0に先立って提唱されたのが「データ駆動型社会」である。データ駆動型社会とは、経産大臣の諮問機関である産業構造審議会の商務流通情報分科会情報経済小委員会が、「中間取りまとめ～ＣＰＳによるデータ駆動型社会の到来を見据えた変革～」（２０１５年５月）において示した社会構想である。そこでは、ＩＴの社会への実装が２０１０年頃から新たな段階へと突入し、デジタルデータの収集、蓄積、解析、解析結果の実世界へのフィードバックが社会規模で可能となり、実世界とサイバー空間との相互連関が生まれはじめているとの現状認識が示された。そのうえで、「データが付加価値を獲得して現実世界を動かす社会」＝データ駆動型社会を「世界に先駆けて実現していくことが、新たな情報革命によって激化する国際競争において我が国経済が競争力を保っていく上で重要である」と提言された。

データ駆動型社会の構想は、総務省によって同調[*13]されたのち、「未来投資戦略２０１８――「Society5.0」「データ駆動型社会」への変革」（２０１８年６月15日閣議決定。以下、「成長戦略２０１８」）においてSociety5.0と並置するかたちで取り入れられる。そこでは、Society5.0とデータ駆動型社会が次のように整理された。Society5.0の原動力となるのは、「民間」のダイナミズムであり、「産業界にはイノベーションを牽引することが期待される」としつつ、「官」には、イノベーションが起こりやすい環境や制度を整えるべく、データ駆動型社会の共通インフラの整備や規制・制度改革が求められるとした。

さて、そもそも一政府機関が掲げたにすぎない未来社会は、本当にめざすべき社会なのだろうか。そして、そのような未来社会を実現するためにあらゆる政策を動員することは、政策決定のあり方として正しいのだろうか。デジタル化によって社会に恩恵があることは上記のとおりだが、同時に懸念や課題も存在するのであり、デジタル化をいかに進めるか、あるいは抑制するか、そのうえで、どのような社会をめざすのかは、国民的な議論が必要なほどに大きな課題である。しかし、そのような問いが不問に付されたまま、Socity5.0という名の社会をめざすことが、政策決定の当然の前提とされているのである。

デジタル社会形成基本法・重点計画の制定

立案された未来社会構想を実現すべく立法されたのが、ＩＴ基本法を全面改正したデジタル社会形成基本法（２０２1年9月1日施行）である。ＩＴ基本法がＩＴ環境の全国的な整備（言わばSociety4.0への対応）を主目的としていたのにたいし、デジタル社会形成基本法は社会全体のデジタル化（Society5.0の実現）を主目的としている。

同法において注目すべきは、デジタル社会の形成における国・地方公共団体と民間との役割分担について、「民間が主導的役割を担うことを原則」とし、国・地方公共団体は、公正な競争の促進、規制の見直しなど、デジタル社会の形成を阻害する要因の解消その他の民間の活力が十分に発揮されるための環境整備を行うものと規定されている点である（9条）。これは「成長戦略２０１８」で示された民間主導によるイノベーションと、そのために必要な国家による環境整備という官民のあり方の法的な根拠を提供するものとなる。そして、同法は、内閣主導で領域横断的にデジタル環境を整備するため、次の二つのしくみを規定している。

第一に、デジタル環境の整備を実行する行政機関として「デジタル庁」の設置を規定している（同法36条）。２０１０年代以降、政府のＩＴ・デジタル関連政策は、内閣官房情報通信技術総合戦略室が所管してきたが、同政策を強化するためにデジタル庁が新設された。そのため、同庁は内閣直轄で設置され（デジタル庁設置法2条）、内閣総理大臣を長および主任大臣とし（同法6条）、内閣総理大臣のもとに事務を統括するデジタル大臣をおくという組織構造になっており、そのデジタル大臣には関係行政機関の長にたいする勧告権が与えられている（同法8条）。また、職員構成は、民間出身者の割合が多い点に特徴がある。*14

第二に、デジタル環境整備の具体的な施策を示す「デジタル社会の形成に関する重点計画」（デジタル社会形成基本法37条）を作成する義務を政府に課している。同計画と政府が作成する他の計画の関係については、「デジタル社会の形成に関しては、重点計画を基本とする」（同法38条）と規定している。つまり、同計画は、デジタル化に関して各行政領域固有の計画（たとえば、教育振興基本計画）よりも優先されることになっている。

実際に定められた「デジタル社会の実現に向けた重点計画」（2022年6月7日閣議決定）では、「デジタルにより目指す社会の姿」の筆頭に、「1．デジタル化による成長戦略」が明示されている。その要点を確認すれば、「デジタル技術を活用した自動配送・遠隔医療・オンライン教育の実施などのサービスを実装すること」「データを活用することにより健康・医療・介護、教育、防災等の準公共分野を始めとする全産業のデジタル化を推し進めること」など、「成長戦略の柱である社会全体のデジタル化を進め、産業全体の収益力の強化を図ることが20年間停滞してきた我が国の経済の成長のために不可欠である」と謳われている。ここで言う「準公共分野」とは、国による関与が大きく他の民間分野への波及効果が大きい分野であり、「健康・医療・介護」「教育」「防災」「モビリティ」「農業・水産業」「港湾」「インフラ」の7分野が指定されている。準公共分野においては、国、地方、民間事業者等のさまざまな主体が連携して効果的・効率的なサービス提供を図ることが望ましく、政府に求められる役割は、デジタル化に向けたシステムの整備とデータ標準の策定だとされている。

2　学校教育のデジタル化の展開過程と背景

以上、デジタル社会形成政策が、官邸主導の政治体制のもとで成長戦略の柱に位置づけられ、展開されてきた過程を確認した。次に、そのような政治体制および政策形成過程において、学校教育のデジタル化がどのように展開されているのか、また、その背景には何があるのかを明らかにしたい。

まず、学校教育のデジタル化にはさまざまな形態がある。法的には、①教科等の指導等におけるＩＣＴの活用、②学校における情報教育の充実、③学校事務におけるＩＣＴの活用に整理されている（学校教育情報化推進法2条）。これら学校教育のデジタル化は、文科省「教育の情報化に関する手引」（２０１０年10月29日）、同「教育の情報化ビジョン」（２０１１年4月28日）に示されているように、コロナ禍以前から進められてきたものである。

このうち①は、たとえば、インターネットを用いた情報収集や遠隔地との交流、タブレット端末での写真・動画の撮影と活用（書きこみや共有）、クラウドベースのアプリによる共同作業、大型提示装置を用いたリアルタイムの画面共有や発表、アンケート機能を用いた瞬時の意向確認など、従来にはない教育方法を実現した。オンライン教育は、病気療養中や離島・山間部などに居住する児童・生徒の教育機会の拡張をもたらしうる。また、音声再生機能や拡大表示機能を有するデジタル教科書は、障害の特性から紙の教科書の使用に困難を抱えていた児童・生徒の負担を軽減できる。その音声再送機能は国語や英語の授業における朗読やリスニングで、その拡大表示機能は理科や社会科の授業における写真や地図の部分拡大などで活用されている。デジタル教科書は、2010年代前半から副教材として導入が進んでいたが、2019年度に正式な教科書と位置づけられ、2021年度には各教科の授業時数の2分の1未満という使用上限が撤廃された。小学校の教科書の改訂が予定される2024年度以降、さらに普及するだろう。

他方で、学校教育のデジタル化は、視力や姿勢など学習者の健康への影響、ネットいじめ・ネット依存の深刻化、教員負担の増加、情報端末・ネットワーク環境の管理や更新にかかる学校・地方自治体の財政負担など、さまざまな運用上の課題を発生させている。

しかしながら、現在の学校教育のデジタル化は、このような新たな教育方法の実現や教育機会の拡張、それにともなう運用上の課題にとどまらない性格のものへと変容しつつある。それは、「個別最適化された学び」「データ駆動型教育」構想というかたちで、これまで自明のものとされてきた既存の学校制度、つまり教育課程（年齢主義・履修主義、標準授業時数など）、学校組織（学年、学級）、学校体系（1条校、学校設置者）のあり方を問い、さらには公教育と私教育（民間教育産業や家庭教育）の関係の再編を迫るもの＝教育DXとなっている。しかもそれは、経産省、総務省、内閣府（CSTI、経済財政諮問会議、規制改革推進会議）、首相官邸（教育再生実行会議、成長戦略会議）など、教育行政外の政策主体によって立案され、推進されようとしている。

学校教育のデジタル化政策の不発

上記のとおり、国家によるIT環境の整備が謳われるようになったのは2000年代初頭である。「e-Japan戦略」の具体化である「e-Japan重点計画」（2001年3月29日）において、2005年度までにすべての小中高校等の授業でコンピュータを活用できる環境の整備などが規定された。第2次安倍政権においてITが成長戦略の柱になると、学校教育のIT化もその一環に位置づけられる。「世界最先端IT国家創造宣言」（2013年6月14日閣議決定）と同日に閣議決定された第2期教育振興基本計画では、「児童生徒3・6人あたり教育用コンピュータ1台」「電子黒板・実物投影機を1学級当たり1台」「超高速インターネット接続率及び無線LAN整備率100%」などの整備目標が規定された。文科省は、この目標を達成するための所要額を計上し、「教育のIT化に向けた環境整備4か年計画（2014〜2017年度）」（2014年2月）を策定した。2000年代初頭から2010年代中頃まで、文科省の政策の主眼は、学校におけるIT環境の全国的な整備にあったととらえられる。ただし、財源が一貫して一般財源（地方財政措置）であったため、十分には実現しなかった。*15

他方で、学校教育におけるITの活用が、文科省とは異なる主体によって試みられた。そのひとつは、内閣府が構造改革特区制度を活用して実施した「IT等の活用による不登校児童生徒の学習機会拡大事業」（2003年10月1日閣議決定）である。同事業は全国展開され、*16 不登校児童・生徒が自宅においてIT等を活用した学習活動を行った場合、校長の判断で指導要録上出席扱いにできるようになった。しかし、実際にこれによって出席扱いとなった児童・生徒は限られており、[17]これまでのところ一般的な不登校施策とはなっていない。

もうひとつは、総務省による「学びのイノベーション事業」である。これは、小学校10校、中学校8校、特別支援学校2校を対象に全児童・生徒へ1人1台のタブレット、すべての普通教室へ電子黒板を配備するとともに、無線LAN環境等を構築し、情報通信技術面の実証研究を文科省と連携して行うというものであった。2010年度から2013年度まで行われたが、その後、全国に普及するものとはならなかった。

2000年代に始まった学校教育のデジタル化政策（IT環境の整備ないしITの活用）は、文科省、総務省、内閣府によるいずれもが不発に終わったと言える。そのことは、第2次安倍政権の成長戦略にITが位置づけられてもなお、2010年代半ばまで大きく変わるものではなかった。

民間事業者によるEdTechの発展

他方で、2000年代にはインターネットの高速化やそれにともなう動画配信・共有サービスなどが普及し、社会起業家によるさまざまなEdTech事業が生まれはじめた。[18]EdTechとは、「Education（教育）」と「Technology（科学技術）」を掛け合わせた造語である。2010年代に入ると、Z会や河合塾などの大手教育産業が、新興EdTech企業と連携し、学習教材・ツールを共同開発するようになる。[19]

たとえば、家庭教師のトライで知られるトライグループは、タブレット、スマートフォンなどを使用し、時間や場所に囚われることなく学習できる映像授業サービス「Try IT」の提供を2015年7月から開始した。2020年2月には、ソニーグループのAI企業であるギリア株式会社と資本業務提携を行い、共同制作により「トライ式AI学習診断」を開発した。これは、診断アプリが2択クイズを約20問提示し、生徒は「A」「B」「わからない」の選択肢から解答していき、その解答結果とトライの学習データを照合し、AIが生徒の苦手科目や現状の学力を診断するというものである。一般的に1科目あたり約2時間かかる分析を10分でできると謳われている。[20]

同様にAIを用いた学習システムとして、大手個別指導塾（栄光の個別ビザビ、TOMAS、明光義塾など）をふくむ全国の学習塾に導入されているのが、アタマプラス社が開発した「atama+」である。これは、児童・生徒の理解度やまちがいの傾向などを、ビッグデータから「人間では不可能なレベルの分析力」でAIが解析し、「個別指導以上の〝超〟オーダーメイド学習」を提供するというものである。[21] もともと、大手予備校が発表する偏差値に象徴されるように、学習塾・予備校は、児童・生徒の成績、受験に関する大量のデータを収集、解析、活用することに長けていたが、個人用デバイスの普及、クラウドコンピューティング、AIの進化がそれを発展させた。

また、AI型教材としてよく知られているのが、COMPASS社が開発した「Qubena」である。これは、AIが一人ひとりの習熟度、理解度に応じた問題を出題し、さらに、児童・生徒が解いている問題、解答時間、正答率などの学習データを、リアルタイムに収集、分析するしくみとなっている。このようなしくみにより、授業中、家庭学習など児童・生徒の学習をすべて把握することができ、一人ひとりにきめ細やかな指導や成績評価ができるとされている。*22「Qubena」は、家庭や学習塾・予備校といった民間での活用にとどまらず、全国1800以上の公立・私立小中学校に導入されている。

EdTechには、校務支援ツール、オンライン教育ツール、プログラミング学習アプリなど、さまざまな形態があるが、AI教材については、その多くがドリル型のAI教材、つまり、ある特定教科の内容の枠内で、学習者の習熟度に応じた難易度の問題をAIが出題するタイプの教材だと言える。

EdTechの経済政策化とその背景

民間事業者が発展させたEdTechは、2017年以降、成長戦略における教育政策の重要度の変化にともない、経済政策（「人づくり革命」「生産性革命」）に取り入れられていく。

日本の政策文書においてEdTechが初めて示されたのは、管見のかぎり、自民党政務調査会が2017年5月16日に策定した「アベノミクスの更なる進化へ〜経済産業部会政策提言〜」である。同提言は、翌月に策定が予定されていた政府の「成長戦略2017」への反映を意図したものであった。

そこでは、第4次産業革命の進展、Society5.0の実現を前提に、教育産業、医療・健康産業、バイオ産業等の新たな成長市場の創出・拡大および海外展開に向けて、政府と民間が一体となって環境整備していくことが提言された。その具体策のひとつとして、EdTechへの投資を呼びこみ、国内のIT

教育サービス産業を強力に振興するとともに、教育サービスの国際展開を進めることが提言された。

同提言は「成長戦略2017」および「骨太の方針2017〜人材への投資を通じた生産性向上〜」に取り入れられる。両閣議決定は、第1節で論じたようにSociety 5.0を政府の政策全体の中心理念に位置づけたものであるが、加えて、「骨太の方針2017」の副題に示されているように、人的資本論に根ざした人材育成を重視している点に特徴がある。つまり、一方での教育の成長産業化、他方での成長の源泉となる人材育成、これら二方面からEdTechをふくむ教育政策が重視されたのである。

「骨太の方針2017」を受けて策定された「新しい経済政策パッケージ」(2017年12月8日閣議決定)は、一方で「人づくり革命」と称し、非認知能力をふくむ能力開発に重要な時期である幼児教育の無償化や、イノベーションを創出し、国の競争力向上に有益な高等教育の無償化などを規定した。他方で「生産性革命」と称し、Society5.0に向けた環境整備の一環として、EdTechを活用し「多様なニーズに応じた個人の能力強化・開発を促進するため……EdTech導入整備ガイドライン等を行う」ことなどを規定した。

同年同月には、自民党の文教族と商工族が連携して「EdTech議員連盟」を設立する。同議連は、自民党の経済産業部会長を務めていた上野賢一郎議員が立ち上げた組織である。立ち上げのさい、上野議員は、同党文教族との連携が不可欠と判断し、元文科相の塩谷立議員に会長就任を依頼し、自身は事務局長に就いた。[*23] 商工族が文教族と連携してEdtechの推進を図るのは、産業としての成長可能性を見込んでいるからだろう。

野村総合研究所の「ITナビゲーター2022年版」によると、日本国内におけるEdTechの市場規模は、2021年の2674億円から2027年には3625億円に達すると予想されている。同調査におけるEdTechは、学習コンテンツ、学習管理システム、支援ツール等を対象としており、タブレットなどのハードウェアやネットワーク環境の整備をふくめれば、その市場規模、経済効果はより大きなものとなる。さらに、児童・生徒・学生に限らないあらゆる年齢層を対象とした教育機関や補助学習等にたいする公費および私費支出の合計を教育市場と見た場合、その市場規模は2011年に世界全体で約4兆ドルに達し、自動車産業を上回っている。[*24] その後のEdTechの発展は、教育市場のさらなる膨張をもたらしている。そのため、経団連は、成長戦略の一環として、「『学び』の制度、内容、体制のDXを進め、多様な人々が、場所や年齢を問わず、その時々のニーズや個性に合わせた内容を効果的に学べるようにする。併せて、わが国で培った新しい学びの形をグローバルに展開することで、十分な教育機会が与えられていない諸外国の子どもたちに学びを届けるとともに、教育の成長産業化を図る」[*25] とし、学びのDXおよびその輸出による教育の成長産業化をめざしている。日本社会の少子化・人口減少が進むことを前提に、学校にとどまらない生涯学習をふくめた、また、中国、インドといった他国をふくめた市場が想定されているととらえられる。経団連のほかに経済同友会、新経済連盟といった主要な経済団体が従来にはない頻度で教育のデジタル化の推進を提言しているのは、同様の意図があるからだろう。[*26]

このように、EdTechの活用をふくむ教育のデジタル化は、一方での教育の成長産業化、他方でのイノベーションを創出できる人材育成という目的により、経済界から支持されているのである。

経産省の教育DX構想と文科省の同調

政府の政策理念の中心にSociety 5.0が位置づけられ、教育政策の重要度が変化し、その一環にEdTechが取り入れられると、これに対応した公教育の再編構想（DX）を立案、事業化したのが経産省である。

まず、同省は、「生産性革命」「人づくり革命」のために組まれた2017年度補正予算により、「学びと社会の連携促進事業」（25億円）を始める。同事業の目的は、「世界は「課題解決・変革型人材（Change-Maker）」の輩出に向けた能力開発競争の時代を迎え、各国で就学前・初中等・高等・リカレント教育の各段階における革新的な能力開発技法（EdTech）を活用した「学びの革命」が進んでいる状況にたいし、日本においても「EdTechの開発・実証を進め、国際競争力ある教育サービス産業群を創出する」ことにあった。翌2018年、同省は、民間事業者が提供するEdTechを学校に導入することで「学びの個別最適化」と「学びのSTEAM化」を図る「未来の教室実証事業」を開始した。

ここで言う「学びの個別最適化」とは、1人1台端末とEdTechを活用し、数理や言語などの基礎を個人が効率的に習得することを意味する。したがって、従来の一律・一斉の授業からEdTechを活用した自学自習と学び合いに重心を移すべきであり、標準授業時数、学年制、履修主義など既存の学校教育のあり方を改めることが提言された。さらに、公教育と民間教育を明確に区別せず、民間教育と公教育の連携、産業界と教育界の連携による「社会とシームレスな小さな学校」が提言された。[*27] つまり、学校教育がになってきた機能の部分的・一時的なデジタル化ではなく、ＩＣＴを活用して学び、教育、学校のあり方を抜本的に改変するという構想＝教育ＤＸである。

経済を所管する経産省が教育政策に参入した理由は、同省の商務情報政策局サービス政策課教育産業室長が明言しているように、[*28] ひとつには、学校教育の出口である社会・経済・産業は人的資本の質に左右されるからであり、もうひとつには、民間の教育サービス業を所管する省庁だからである。そのため、民間の発展させてきたEdTechを政策として取り入れ、成長戦略に資する人材の育成と公教育の成長産業化をめざし、学校制度改革および公教育と私教育の関係再編を進めようとしているのである。

経産省による公教育への急速な参入にたいし、その所管省庁である文科省は、文科大臣を座長とし、首長、研究者、企業役員などで構成される「文科省Society 5.0に向けた人材育成に係る大臣懇談会」を設置し、そこでの議論を受けるかたちで「新たな時代を豊かに生きる力の育成に関する省内タスクフォース」を設置した。そして、両者連名によって公表された「Society 5.0に向けた人材育成～社会が変わる、学びが変わる～」（２０１８年６月５日）は、同年同月に公表された上記の経産省「学びの個別最適化」と近似する「公正に個別最適化された学び」を立案した。その内容は、「学校は、一斉一律の授業スタイルの限界から抜け出し、……個人の進度や能力、関心に応じた学びの場となること」「国、地方公共団体、民間事業者等のさまざまな主体が別個に保有しているデータを集約し活用できるようデータ規格の標準化やデータのオープンソース化を図っていくこと」などである。

文科省は、経産省が主張する公教育と私教育の関係再編については明言しておらず、両者のあいだに差異がないわけではない。しかし、「骨太の方針」「成長戦略」の中心にSociety 5.0が位置づけられ、これに則して経産省と文科省が立案した構想は、相違よりも親和性が目立つものであった。

首相官邸に公認され、コロナで加速した「個別最適化された学び」

経産省と文科省の構想は、次のとおり首相官邸に公認され、教育政策の中心理念となっていく。まず、第2次安倍政権以降、教育政策に関する首相の諮問機関として設置された教育再生実行会議が、「技術の進展に応じた教育の革新、新時代に対応した高等学校改革について（第11次提言）」（２０１９年5月17日）を公表した。そこでは、Society5.0へ向けた、「一人一人の能力や適性に応じて「公正に個別最適化された学び」」が提言され、その基本的な内容は「骨太の方針２０１９」（同年6月21日閣議決定）に取り入れられた。このことは、「個別最適化された学び」を軸とする学校教育のデジタル化が、首相の諮問会議の提言という段階から、政府の経済政策の枠内に位置づけられたことを意味する。同閣議決定の４日後には、文科省の「新時代の学びを支える先端技術活用推進方策（最終まとめ）」と経産省「「未来の教室」とEdTech研究会」の「「未来の教室」ビジョン（第2次提言）」が、同時公表された。これらの内容の親和性はやはり高く、「個別最適化された学び」を実現するため、教育データの活用や標準化を進めるというものであった。

首相官邸に公認された構想は、実行段階に入った。「安心と成長の未来を拓く総合経済対策」が閣議決定（同年12月5日）されると、２０２３年度までに学校の高速大容量ネットワーク環境の整備と義務教育段階の児童・生徒に１人１台情報端末の整備をめざす文科省の「ＧＩＧＡスクール構想」にたいして、また、小中高校等、教育支援センター、フリースクールにEdTech教材等を導入する民間事業者に経費を補助する経産省の「EdTech導入補助金」にたいして予算措置（２０１９年度補正予算）がなされ、それぞれが動き出した。

そして、２０２０年に入って新型コロナウイルス感染症が拡がると、政府は、全国の小中高校等の設置者にたいして同年3月2日からの一斉臨時休業を要請した。全国のほとんどの学校が休校する状況下、教育のデジタル化を進めようとする立場から、ＩＣＴを活用しつつ家庭で学校の学習を進めること、そのための学校・家庭のＩＣＴ環境を整備すること、ＩＣＴによる家庭学習の推進を阻害する規制を改革することが要請された。これらを実現するため、２０２０年度第１次補正予算（4月29日）のうち、文科省関係予算（２７６３億円）の多く（２２９２億円）が「ＧＩＧＡスクール構想」の前倒し（２０２０年度内実施）に割り当てられた。経産省関係予算では、EdTechの学校等への試験導入をふくむ「デジタルトランスフォーメーションの加速」に１００９億円が割り当てられた。補正予算の成立以降、自民党では、デジタル教科書の普及促進、標準授業時間数などが検討され、文科省では、「教育データの利活用に関する有識者会議」が設置された。また、コロナ禍以降の政策動向を支持あるいは牽引する政策提言が経済界から出された。[*29] たとえば、経団連は、教育課程の修得主義への変更、学習進度に応じた個別最適学習のための学年の概念の再検討、CBT形式[*30]のテストによる日常的な学習到達度の測定などを提言した。これらを受けた「骨太の方針2020」「成長戦略実行計画2020」（いずれも2020年7月17日閣議決定）においては、子どもの習熟度や興味に応じて「個別最適化された学び」が、今後の学校教育の基本的な方向であるとされた。

このように、コロナ禍における教育政策は、感染症予防のための非対面型学習環境の整備という側面を有しつつ、コロナ禍以前から進められていた成長戦略の一環としての学びのDXという構想が多様な主体から次々と打ち出され、後者が急激に加速するようになる。それは、「個別最適化された学び」を実現する条件整備としての学校教育のデジタル化（デジタル教科書の普及、学習ログの蓄積、テストのCBT化、教育データの標準化など）であり、これに連動して学校制度を抜本的に再編（修得主義、標準授業時数の弾力化、学年制の再検討など）しようというものであった。

「個別最適化された学び」を実現するための「データ駆動型教育」構想

上記の流れは、ポストコロナ期を見据えた学校教育のあり方を打ち出した教育再生実行会議「ポストコロナ期における新たな学びの在り方について（第12次提言）」（2021年6月3日）において、「データ駆動型教育」構想に帰結した[*31]。同提言において「データ駆動型教育」は明確に定義されているわけではないが、上記の「成長戦略2018」で示されたように、Society5.0の原動力となる「民間」のイノベーションを支えるため、「官」に求められるデータ駆動型社会のインフラ整備と規制・制度改革を教育制度に応用するものだと考えられる。同提言の内容は、「骨太の方針2021」「成長戦略実行計画2021」、さらに「デジタル社会の実現に向けた重点計画」（いずれも同年6月18日閣議決定）に取り入れられた。このことは、先にも述べたように、「データ駆動型教育」構想が、政府の経済政策およびデジタル社会形成政策の枠内に位置づけられたことを意味する。

コロナ禍によってGIGAスクール構想が前倒しされ、児童・生徒への1人1台情報端末の整備はほぼ実現している。したがって、今後の政策課題は、それをいかに利活用するかという次元に移行しつつある。それでは、「データ駆動型教育」における「データ」とは何が想定され、それを「駆動」させるとはどのような教育のことを意味するのか。現段階においては政府内で検討中であり、流動的ではあるが、おおよその方向性は、デジタル庁・総務省・文科省・経産省が合同で作成した「教育データ利活用ロードマップ」（2022年1月7日。以下、ロードマップ）に示されている。

ロードマップは、教育のデジタル化のミッションを「誰もが、いつでもどこからでも、誰とでも、自分らしく学べる社会」とし、そのために必要な論点、施策、段階を整理したものである。このミッションの表現にも現れているように、ロードマップは、次の二つの特徴を有している。第一に、子ども・就学期間に限定されない生涯を通じた時間軸でのデータの蓄積・活用であり、第二に、学校に限定されない家庭・民間事業者・自治体などの組織の枠を越えたデータの共有・活用を構想していることである。したがって、キーワードとなるのは、教育データの相互流通性の確保に必要な「データの標準化」となる。教育データを「主体情報」（児童・生徒、教職員、学校等）、「内容情報」（学習内容等）、

「活動情報」(何を行ったか)に分けたうえで、それぞれに関するデータを随時標準化していく。具体的には、「誰が」(性別、生年月日、学年など)、「どんな環境でどんな人から」(指導計画、学年・クラスなど)、「どんな教材で」(学習分野、塾や社会教育施設の教材情報など)、「どう学んで」(アクセスログ、解答履歴・正答率など)、「何ができるようになったか」(テスト、学習履歴、成果物の記録等)などが例示されている。内容情報の標準化においては、学習指導要領のコード化が鍵となる。つまり、学習指導要領の内容・単元等に共通のコードを付与し、これに各民間事業者(たとえば、教科書出版社、EdTechをふくむ教材開発会社、学習塾など)、教育委員会らが、デジタル教科書、教材、学習ツールなどを関連づけることによって、主体情報、内容情報、活動情報をあらゆる時間と場所を包括するかたちで体系的に集約し、それを分析、活用することがめざされている。

ロードマップには、中期目標として、2025年頃までに「学習者が端末を日常的に使うようになり、教育データ利活用のためのログ収集が可能」「内容・活動情報が一定粒度で標準化され、学校・自治体間でのデータ連携が実現」「学校・家庭・民間教育間でのそれぞれの学習状況を踏まえた支援が一部実現」などが掲げられ、長期目標として、2030年頃までに「学習者がPDS[*32]を活用して生涯にわたり自らのデータを蓄積・活用できるように」「内容・活動情報の更に深い粒度での標準化が実現」などが掲げられている。

このように、「個別最適化された学び」「データ駆動型教育」が本格的に実行されるのは、学習者のICT機器の活用が日常化し、あらゆるデータの標準化とその蓄積が活用可能な程度に進む2030

年頃と見込まれている。およそ5年後に学習指導要領が改訂され、2030年頃には、その次期学習指導要領を基準とする教育課程が全国の学校で編成、実施されはじめる。「個別最適化された学び」「データ駆動型教育」の具体的な姿は、学習指導要領の改訂と連動して明らかになっていくだろう。

3　教育DXがめざすもの

現状、次期学習指導要領の改訂と連動して具体化されようとしている教育DXであるが、それは、2017・2018年告示の現学習指導要領とどのような関係にあるのだろうか。また、中教審の「「令和の日本型学校教育」の構築を目指して～全ての子供たちの可能性を引き出す、個別最適な学びと、協働的な学びの実現～（答申）」（2021年1月26日・同年4月22日更新）において、「個別最適な学び」は、従来の学習指導要領にすでに存在した「個に応じた指導」を学習者の視点から整理した概念だと説明されているが、それでは、「個に応じた指導」と「個別最適な学び」は単なる呼称のちがいにすぎず、教育課程や学校教育はそれほど大きく変わるものではないのだろうか。そこで、以下では現学習指導要領の特徴および「個に応じた指導」の変遷過程を概観したうえで、教育DXと次期学習指導要領の改訂によって学校教育がどのように変容されようとしているのかを推論する。

学習指導要領によって定められる「資質・能力」（何ができるようになるか）

周知のとおり、学習指導要領はほぼ10年に1回改訂されるものであるが、教育の基本理念を定めた教育基本法の２００６年改正、それを受けた学校教育法の２００７年改正以降、その基本構造が大きく変化している。

２００６年改正の教育基本法1条（目的）は、「教育は、人格の完成を目指し、平和で民主的な国家及び社会の形成者として必要な資質を備えた心身ともに健康な国民の育成を期して行われなければならない」と規定され、同条の「必要な資質」を内容充填するものとして、教育目標（2条）が新設された。[*33] また、1条、2条を受けるかたちで義務教育の目的に関する規定（5条2項）が新設された。これらを受けた改正学校教育法は、教育課程に関して次のように改正された。第一に、子どもに習得させるべき能力や態度が法定された。まず、義務教育の目標が新設（21条）され、精神や態度をふくむ具体的な目標が10号まで規定された。これを受けた30条2項が新設され、子どもに習得させるべき能力や態度として、基礎的な知識・技能、思考力・判断力・表現力等、主体的に学習にとりくむ態度（いわゆる学力の3要素）が法定された。第二に、文科大臣の教育課程に関する権限が拡大された。具体的には、「教科に関する事項は、……文部科学大臣が定める」（旧20条等）は、「教育課程に関する事項は、……文部科学大臣が定める」（33条等）に改められた。このことは、学習指導要領が教育内容の基準を示すものから、教育方法や評価等をふくむ教育課程の全体を規定するものへと構造転換することに連なる。

上記の経緯で策定された現学習指導要領は、次の特徴をそなえている。第一に、教育基本法・学校教育法によって法定された教育目標（「必要な資質」）を、学習者が習得すべき「資質・能力」（何ができるようになるか）として具体化するものになっている。ここで言う資質・能力は、学校教育法30条2項に則り「知識及び技能」「思考力、判断力、表現力等」「学びに向かう力、人間性等」の3本柱によって整理されている。第二に、教育内容（コンテンツ）の基準から資質・能力（コンピテンシー）の基準化へと構造転換し、それに則して教育方法、学習評価、学校運営のあり方をふくむ学校教育のあり方全般を規定するものになっている。教育方法に関しては、「何ができるようになるか」を達成するために、「主体的・対話的で深い学び」という新たな学びのあり方を規定している。学習評価に関しては、上記の「何ができるようになるか」に対応し、「何が身についたか」という観点で学習評価をすることを求めている。その一環として「目標に準拠した評価の実質化」が必要とされている。学校運営に関しては、学校の教育課程の編成、実施、学習評価、学校運営の一体化＝「カリキュラム・マネジメント」を求めている。

なお、教育内容の基準から資質・能力の基準へという構造転換は、幼児教育段階においても同様である。２０１７年改定の「幼稚園教育要領」「保育所保育指針」「幼保連携型認定こども園教育・保育要領」では、すべての幼児教育施設の共通目標「幼児期の終わりまでに育ってほしい10の姿」（1．健康な心と体　2．自立心　3．協同性　4．道徳性・規範意識の芽生え　5．社会生活と関わり　6．思考力の芽生え　7．自然との関わり・生命尊重　8．数量・図形、文字等への関心・感覚　9．言葉による伝え合い　10．豊かな感性と表現）が定められた。

「個に応じた指導」の展開過程

このように、現学習指導要領は、国が定めた資質・能力を学校教育全般のあり方を通じて子どもに身につけさせる構造になっているが、あわせて、「個に応じた指導」といった個々の学習者の状況に応じた教育課程の編成を拡充するというもうひとつの特徴がある。

政策的に推進されてきた「個に応じた指導」は、1996年中教審「21世紀を展望した我が国の教育の在り方について（第1次答申）」において、個別学習などをふくむ指導方法の改善・充実が提言されたことに始まる。これを踏まえた1998・1999年告示の学習指導要領は、教育内容を大幅に削減するとともに、削減された教育内容の確実な定着を図る観点から、「個に応じた指導」を規定した。その具体的な方法として、小学校については、個別指導、グループ別指導、繰り返し指導が例示され、中学校については、これらに加えて習熟度別指導が例示された。同学習指導要領は、「ゆとり教育」と呼称され、2000年前後に「学力低下論」が喧伝されるようになった。学力低下論にたいし、文科省は、2003年にイレギュラーな学習指導要領の一部改訂を行う。同改訂では、学習指導要領は教えるべき教育内容の最低基準を示すものであるとされ、その最低限の内容を確実に身につける方法として、あらためて「個に応じた指導」の拡充が推奨された。具体的には、「発展的な学習」「補充的な学習」、そして小学校からの習熟度別指導である。文科省は、2001年度から地方自治体の判断・裁量による少人数授業や加配定数の活用が可能となる措置を講じ、結果、小学校での習熟度別指導の導入は急拡大した。[*34] つまり、最低基準とされた学習指導要領の内容を確実に習得する手段として、あわせて、児童・生徒の習熟度のちがいによって教育内容や学習集団を分別する手段として、小学校段階からの「個に応じた指導」が促進されるようになったのである。

既述したように、２００６年に教育基本法、２００７年に学校教育法が改正されると、学習指導要領は、同法に定められた教育目標を軸に構成されるようになる。２００８・２００９年告示の学習指導要領において、法定教育目標を達成するために学校は教育課程を編成することが明示された。現学習指導要領は、教育の内容・方法のあり方にとどまらず、子どもが身につけるべき資質・能力を示すものとなり、その資質・能力を育成する手段として「個に応じた指導」が推奨されている。総則には「生徒の発達の支援」という項目が立てられ、その「１　生徒の発達を支える指導の充実」では、「基礎的・基本的な知識及び技能の習得も含め、学習内容を確実に身に付けることができるよう」、繰り返し指導、習熟度別指導、補充的な学習・発展的な学習など、個に応じた指導の拡充が規定された。

他方で、「個に応じた指導」の展開に対応するように、学校体系の再編および教育課程の特例が整備された。ひとつには、中高一貫教育である。そのうち併設型中学校・高等学校と中等教育学校は、a中学校（前期課程）および高校（後期課程）の教科等の内容のうち相互に関連するものの一部を入れ替え、b中学校の指導内容の一部を高校へ移行、c高校の指導内容の一部を中学校へ移行、d中学校および高校において特定の学年において指導することとされているものの一部を他の学年に移行して指導することが可能となっている。小中一貫教育のうち併設型小・中学校および義務教育学校についても同様である。つまり、「個に応じた指導」が法定教育目標を確実に達成（資質・能力の習得）するための手段として拡充されてきたのに対応し、中等教育学校等や義務教育学校等においては、学年や教育段階を超えたより徹底した「個に応じた指導」が恒常的に実現できるしくみとなっている。

「個に応じた指導」の背景にある「能力に応じた教育」への志向

以上、「個に応じた指導」の展開過程を、学習指導要領の変遷とこれに対応した学校体系の再編から概観した。それは、資質・能力を身につけることをすべての子どもに求めつつ、実際に発揮される能力の差に応じた教育課程および学校制度の階層化を並行して促進するものと言える。その背景には、1990年代後半に教育政策の理念となり、2010年代以降、実現が進められる「能力に応じた教育」制度への志向がある。ここで言う「能力に応じた教育」とは、能力程度主義、つまり能力の高いものにはより高度な教育を、能力の低いものには低度の教育を提供すべきという理念に則った教育を意味する。

「個に応じた指導」の導入の端緒となったのは、既述したとおり1996年中教審答申である。翌1997年に公表された中教審「21世紀を展望した我が国の教育の在り方について（第2次答申）」は、「一人一人の能力・適性に応じた教育」を教育改革の基本理念に位置づけた。同答申は、中高一貫教育や大学への飛び入学を提言しつつ、小学校から高校までの段階での飛び級は「社会的な合意を得ることが困難」であるとした。ただし、「能力・適性に応じた教育を行うため、教育内容・方法の多様化に努めることは重要」であるとして、中学・高校での習熟度に応じた指導を推奨した。「能力に応じた教育」改革の一環として、「個に応じた指導」や学校制度改革を提言したのである。１９９８・１９９９年告示の学習指導要領以降、改訂ごとに拡充される「個に応じた指導」や、中等教育学校の新設（１９９８年学校教育法改正）は、その具体的実現である。

２０００年代以降も、首相の私的諮問機関として設置された教育改革国民会議（２０００年）や教育再生会議（２００６～２００７年）など、「能力に応じた教育」を志向する教育改革が提言され続けたが、特に第２次安倍政権以降、同改革が主要な政策課題に位置づけられた。それは、小学校段階へと早期化し（教育再生実行会議「今後の学制等のあり方について（第５次提言）」２０１４年）、上記の義務教育学校の新設（２０１５年学校教育法改正）へと結実した。[*35] また、教育再生実行会議「全ての子供たちの能力を伸ばし可能性を開花させる教育へ（第９次提言）」（２０１６年）では、より多様な児童・生徒を対象とする「能力に応じた教育」への意向が示され、不登校児童・生徒、障がいのある子ども、日本語能力の不十分な子ども、「特に優れた能力」をもつ子どもなどに対応する「よりきめ細かい習熟度別少人数指導」「不登校特例校の活用」「特に優れた能力を伸ばす教育のための教育課程特例校」などが提言された。現学習指導要領は、これと整合するものである。

そして、「能力に応じた教育」改革への方向性を維持しつつ、２０１７年以降の教育ＤＸ構想を合流させたのが、同会議の「技術の進展に応じた教育の革新、新時代に対応した高等学校改革について（第11次提言）」（2019年）である。それは、第2節で論じたように、Society5.0へ向けて「一人一人の能力や適性に応じて『公正に個別最適化された学び』」を提言するものであった。したがって、「個別最適化された学び」は、1990年代後半以降、漸進的に進行してきた「個に応じた指導」を次の段階へと進める可能性がある。つまり、EdTechの活用によって子どもの学習を学習指導要領が規定する資質・能力という枠組みのなかでより精密に分別するものになるのではないだろうか。なぜなら、EdTechを活用すれば、テストのCBT化、学習ログの蓄積、AI型ドリルなどによって時間（授業時間数）や空間（教室・学校）に制約されることなく、これまでとは比較にならない精度の習熟度別指導が可能になるからである。そのため、共通の教育内容を標準授業時数分受けて教育課程を修了する（履修主義）のではなく、各自が一定の資質・能力を習得すれば教育課程を修了する（修得主義）という教育課程編成の転換や、同一年齢の子どもが同じ空間で共に学ぶという学級・学年制の再考など、学校制度の抜本的再編＝教育DXがめざされているのである。[*36]

おわりに

2010年代後半以降、成長産業化と人材育成という二つの面から経済政策の一環に位置づけられた学校教育のデジタル化は、文科省がそれまでめざしていたIT環境の全国的な整備とは異なるかたちで経産省が構想し、実証事業に着手したことから変容が始まった。経産省の構想にたいして文科省が立案したそれは、経産省と同調するかたちで「個別最適化された学び」を進めようとするものであった。両省の構想は、首相官邸に公認され、コロナ禍によって加速し、今やポストコロナを見据えた「データ駆動型教育」構想へと帰結している。

以上の政策形成過程から明らかになったのは、第一に、学校教育のデジタル化の目的は、学習・教育の方法やその機会を拡張するための条件整備から、ICTによって収集、分析されるデータを軸に教育の実践と政策を再編することへと変容していること。第二に、その変容の背景には、デジタル社会の形成が成長戦略の主軸であることから、民間によるイノベーションを生み出すための国家による環境整備、つまり社会のあらゆる領域におけるデータの標準化および規制・制度改革があること。第三に、社会の諸領域におけるデータの標準化および規制・制度改革は、成長戦略を主導する首相官邸の枠組み（「骨太の方針」「成長戦略」）のもとで形成され、その枠組みがさらに強化（デジタル庁、「デジタル社会の実現に向けた重点計画」）されていることである。

今後、いかなる教育データが標準化、収集、蓄積、活用されるかは流動的であるが、少なくとも言えることは、従来の全国学力・学習状況調査の対象と頻度の規模にはとどまらず、したがって、学校教育への影響は甚大になるだろうということである。既述したとおり、学校教育のデジタル化自体は、新たな教育方法や教育機会の拡大を実現し、学習する権利の保障に資する可能性を有する。しかしながら、2006年の教育基本法改正以降の教育課程政策とあわせてその動向を見据えれば、それは、国が定める資質・能力を、「データ駆動」によって従来とは比較にならない精密さで、個人の能力に応じて習得させるものになりそうである。このような教育DX構想が、学習する権利の保障に反するものになることは、次章以下で明らかにしていきたい。

〔注〕

＊1　経産省「DXレポート～ITシステム「2025年の崖」の克服とDXの本格的な展開～」2018年9月7日。
＊2　同上。
＊3　経産省「DXレポート2（中間取りまとめ）」2020年12月28日。
＊4　「世界最先端IT国家創造宣言」2013年6月14日閣議決定。
＊5　渡辺治・岡田知弘・後藤道夫・二宮厚美『〈大国〉への執念　安倍政権と日本の危機』大月書店、2014年、32-33頁。
＊6　同上、109-114頁。
＊7　産業競争力会議（2013年1月～2016年9月）、未来投資会議（2016年9月～2020年10月）、成長戦略会議（2020年10月～2021年10月）、新しい資本主義実現会議（2021年10月～）。
＊8　本章では、大企業の成長を主目的とする産業政策を包括して成長戦略（括弧なし）と表記し、その具体策を示し毎年の「骨太の方針」とあわせて閣議決定される政策文書を「成長戦略」（括弧つき）と表記する。
＊9　総務省「平成29年版情報通信白書　データ主導経済と社会変革」2017年7月。
＊10　「第5期科学技術基本計画」2016年1月22日閣議決定。
＊11　日本経済団体連合会「新たな経済社会の実現に向けて～「Society 5.0」の深化による経済社会の革新

〜」2016年4月19日。
＊12　「科学技術イノベーション総合戦略」「日本再興戦略」2013年6月14日閣議決定。
＊13　総務省、前掲。
＊14　庁全体で約730人体制のうち約250人が民間出身者。2022年4月時点。
＊15　前川喜平「教育政策と経済政策は区別せよ――GIGAスクール構想の行方をめぐって」『世界』2020年5月号、岩波書店、164-171頁。
＊16　2005年7月6日　17文科初第437号「不登校児童生徒が自宅においてIT等を活用した学習活動を行った場合の指導要録上の出欠の取扱い等について」。
＊17　文科省「令和元年度　児童生徒の問題行動・不登校等生徒指導上の諸課題に関する調査結果について」（2020年11月13日）によれば、小中学校に不登校児童・生徒数が18万1272人いるなかで、出席扱いになったのは、小学校1774人、中学校434人である。
＊18　井上義和・藤村達也「教育とテクノロジー――日本型EdTechの展開をどう捉えるか？」日本教育社会学会編『教育社会学研究』107集、東洋館出版社、2020年、146-148頁。
＊19　同上、149頁。
＊20　トライグループウェブサイト https://www.trygroup.co.jp/campaign/ai/（参照日、2023年1月22日）。
＊21　アタマプラスウェブサイト https://www.atama.plus/course/junior/（参照日、2023年1月22日）。
＊22　キュビナウェブサイト https://qubena.com/service/subjects（参照日、2023年1月22日）。
＊23　『日本経済新聞』2022年5月11日。
＊24　三井物産戦略研究所「世界の教育産業の全体像」2013年11月20日。
＊25　日本経済団体連合会「。新成長戦略」2020年11月17日。
＊26　日本経済団体連合会「EdTechを活用したSociety 5.0時代の学び」2020年3月13日、同「Society

5.0に向けて求められる初等中等教育改革 第一次提言」２０２０年７月14日、同「Society 5.0に向けて求められる初等中等教育改革 第二次提言」２０２０年11月17日、同「Society 5.0時代の学びⅡ」２０２１年３月16日、経済同友会「自ら学ぶ力を育てる初等・中等教育の実現に向けて」２０１９年４月３日、同「小・中学校の子供の学びを止めないために」２０２０年６月17日、同「公立小中学校における「脱・画一化」教育のための「創造的環境」の実現」２０２１年５月７日、新経済連盟「ＧＩＧＡスクール２・０」２０２０年10月14日。

＊27 経産省「「未来の教室」とEdTech研究会」「第１次提言」２０１８年６月。

＊28 「東洋経済オンライン」２０２１年５月21日 https://toyokeizai.net/articles/-/425254?fbclid=IwAR3zOcsuGrOLXRM_5CTzASjPVXFZMfUFuP4lmJNaxjtDbeU_Ntfk6Dn1sD4（参照日、２０２３年１月22日）。

＊29 前掲、注26。

＊30 Computer Based Testingの略で、パソコンを使用して受験する試験を指す。

＊31 同提言には、文科省「教育データの利活用に関する有識者会議の論点整理（中間まとめ）」（２０２１年３月）の内容が反映されている。

＊32 パーソナルデータストアの略。個人が自らの意思で自らのデータを蓄積・管理するしくみ。

＊33 成嶋隆「教育目的・目標法定の意義と限界」日本教育法学会編『教育法の現代的争点』法律文化社、２０１４年、８頁。

＊34 ２００３年には74・２％の小学校が習熟度別指導を導入。文科省「２００３年度公立小・中学校における教育課程の編成・実施状況調査」。

＊35 谷口聡「「学校体系の複線化」政策の現代的特徴と課題」『日本教育法学会年報』45号、有斐閣、２０１６年を参照。

＊36 ＣＳＴＩ教育・人材育成ワーキンググループ「Society5.0の実現に向けた教育・人材育成に関する政策パッケージ」２０２２年６月２日。

＊本章は、以下の論文の一部を加筆修正したものである。
谷口聡「新学習指導要領にみる教育課程政策の現代的特徴」『日本教育法学会年報』50号、有斐閣、２０２１年。

谷口聡「成長戦略下における学校教育の情報化政策――「個別最適な学び」「データ駆動型教育」構想を中心に」『日本教育行政学会年報』47号、教育開発研究所、２０２１年。

第2章　「能力や適性に応じて個別最適化された学び」がめざす教育とは

中西新太郎

はじめに

教育DXと総称される教育改革構想は、2010年代半ばから提唱されてきたが、その内容について社会的関心が強く寄せられることはなかった。

それはなぜか?

そもそも、DXや学習ログ、eポータル、スマート化等々、デジタル化の推進を掲げる政策文書に多数使われている言葉になじみがない。それらの内容についても明確なイメージが浮かばない。教育DXと言われても、「要するにIT環境を整備することだろう」という以上の理解は得にくい。コロナ禍をきっかけにある程度知られるようになったGIGAスクール構想が、とりあえず、児童・生徒に１台ずつＩＴ端末を配布することだと受けとられているのはその象徴だろう。

ＩＴ環境の整備が目的ならば、一般論としてそれに反対する人は多くないはずだ。子どもたちの日常生活では、すでに、ＳＮＳなどネット利用があたりまえになっており、学校生活にもその影響は深く及んでいる。学校のＩＴ環境が貧弱なのは事実だから、実態に応じた環境整備を進めるのは当然ではないか、環境の整備で教育の本質が歪められるわけでもないだろう――そう受けとられるなら、教育ＤＸ構想にたいする疑問や異論は生まれず、関心の度合いが強まることもない。

しかし、そう簡単にかたづけてしまってよいのだろうか。教育ＤＸ構想はＩＴ環境の整備や教育技術の向上をおもな目的とするだけの改革構想なのか。

決してそうではない。私たちが普通だと思ってきた学校教育のあり方、ひいては、教育といういとなみの核心部分までも変質させる「改革」ではないのか。だとすれば、「たいした問題ではない」と見過ごすわけにはゆかない――これが本論の問題意識である。

教育ＤＸがたんなる教育環境整備の構想でないことは、この構想の推進者が明言している。

たとえば、以下のような主張がそうだ。

「子ども達を教室という学びの場に集め、専門家である優秀な教師が、学習指導要領に基づいて一律の内容を一斉に、主に一方向的に付与する」教育はこれまで有効だったが、「時代は変わった。日本の置かれた内外の環境は変わり、デジタル技術が社会を大きく変える中で、それに適した新しい教育のあり方を、過去の成功体験の呪縛に囚われず構想する必要がある」（経済産業省「未来の教室」とEdTech研究会「「未来の教室」ビジョン（第2次提言）」２０１9年6月、以下「「未来の教室」ビジョン」）。

デジタル化の推進で日本社会全体を大きく変えなければいけないという主張が為政者によって本格的に打ち出されたのは、以下のように、「第5期科学技術基本計画」（２０１6年1月22日閣議決定）によってである。

「ＩＣＴを最大限に活用し、サイバー空間とフィジカル空間（現実世界）とを融合させた取組により、人々に豊かさをもたらす「超スマート社会」を未来社会の姿として共有し、その実現に向けた一連の取組を更に深化させつつ「Society 5.0」として強力に推進し、世界に先駆けて超スマート社会を実現していく」（「第5期科学技術基本計画」）。

ここに書かれたSociety5.0という社会構想・社会像が、めざすべき社会のすがたとされ、その後の多くの政策文書でその具体像や構想実現の方策が語られてゆく。

しかし、「超スマート社会」などと言われても実感はわきにくく、「Society5.0が自分たちの社会の未来だ」という意識は共有されてはいない。政府がいくら笛を吹いても社会生活の実際は政府のもくろみどおりには進んでいなかった。

だから、「夢みたいな話を並べてもそれが簡単に実現できるはずはない」と受けとっても不思議ではないが、コロナ禍を通じて、そんな状況が急変した。

コロナ禍を絶好の機会と見て、このさい日本社会のデジタル化構想を急速に具体化させようとする政策が強力に進められたのである。菅政権がバタバタと発足させたデジタル庁がその好例だ。法外なプレミア（おまけ）をつけマイナンバーカードを使わせようと躍起になっているのも同様である。

コロナ禍がもたらしたばく大な困難の原因にデジタル化の遅れがあると政府は宣伝するけれど、これらはコロナ禍による被害のすみやかな救済を目的とする対策ではない。生活や健康上の困難を早く解消してほしいと願う国民の意識につけこんで、思うように進まなかった〈社会改造〉を一挙に実現させようというのである。

「今般の感染症拡大の局面で現れた国民意識・行動の変化などの新たな動きを後戻りさせず社会変革の契機と捉え、少子高齢化や付加価値生産性の低さ、東京一極集中などの積年の課題を解決するとともに、通常であれば10年掛かる変革を、将来を先取りする形で一気に進め、「新たな日常」を実現する。

具体的には、我が国の未来に向けた経済成長を牽引し、「新たな日常」の構築の原動力となる社会全体のデジタル化を強力に推進し、Society 5.0を実現する」（「骨太の方針２０２０」）。

社会全体が新型コロナウイルスの感染拡大の真っ只中におかれた時期に政府（安倍政権）が発した右の宣言はその意図をはっきり示していた。

教育ＤＸはこうした社会改造の重要なひとつに位置づけられている。なぜ重要かと言えば、Society5.0の実現を望み推し進める人材開発なしに、社会全体の改造など実現できないからだ。人材開発とはＩＴに詳しい専門家を育てるという狭い意味ではない。Society5.0が具体化される社会では、誰もが、生活のあらゆる場面でデジタル化の要求に応え、必要な「能力」を発揮できる存在にならなければいけない。そのために、これまでの教育を根本から変更しなければならない――それが教育ＤＸの課題というわけである。

Society5.0の未来社会像と同様に、教育ＤＸの内容にも多くの曖昧さがある。教育現場の実態を踏まえた眼で見れば、教育ＤＸが想定する教育の未来像が現実からかけ離れた空想に映るのは無理もない。しかし、コロナ禍は、この不確かな空想に見える改革構想を一挙に現実化させようとしている。だからこそ、教育ＤＸという構想の考え方や内容についてしっかりと検討することが必要になっている。

以下では、教育ＤＸが想定する教育（学習）活動がどのようなものか、文科省や経産省の政策文書にあげられている具体例から確かめ、どこに力点をおいて「改革」を進めようとしているのか探ってゆく。文科省と経産省とでは構想の位置づけ等で差異があることも文言上からうかがえるが、本論では、教育ＤＸのロジックのみに注目し、一括して扱う。

教育分野のデジタル化が教育ＤＸ構想の核心であるから、どのようなデジタル化がめざされているのかが重要である。この構想が描くデジタル化が教育（学習）を改善する唯一の方法と決まっているわけではない。「この方法しかない」という思いこみに囚われるのは教育分野のような、人と人の複雑で豊かなつながりで成り立っている領域ではとても危険だ。教育ＤＸの具体的なすがたを検討すると、そうした危うさが浮かび上がってくる。

教育ＤＸを進めることで何が変わるか？

デジタル技術を活用することで、一人ひとりに適した学びを提供することが可能になるのだと、この構想の推進論者は言う。「多様な子供の一人一人の個性や置かれている状況に最適な学びを可能にしていく」「公正に個別最適化された学び」（「『未来の教室』ビジョン」）という文言がそれで、前掲「骨太の方針２０２０」でも、「能力・特性や習熟度、地域の実情等に応じた多様で個別最適化された深い学び」と表現されている。これらの主張をまとめて「個別最適化論」と呼んでおこう。[*1]

個別最適化論は、ＩＣＴ活用による学習方法の変更だけでなく、いじめや問題行動への対処といった学校生活全般にわたる問題解決や教科担任制の拡大や教員配置といった教育組織の変更など、教育体制全体の転換を促すモーターの役割をになっている。後で詳しく見るように、個別最適化論は、教育手法（学習手法）の転換をめざすのみならず、教育といういとなみに関する考え方の変更を迫る主張なのである。

そこで本論では、個別最適化論の教育観（学習観）に焦点をあて、その特徴と問題点を明らかにしてゆく。また、個別最適化が具体化されることで、子どもたちの学校生活ひいては陶冶のプロセスにどんな変化が予想されるのかを検討する。個別最適化論の検討を通じて、教育ＤＸがどのようなデジタル化を進めようとしているのかも明らかにできるだろう。

一人ひとりに適した学びの実現、個性が活かせる教育……といった謳い文句に、「それはちょっとおかしいのでは」と疑問を出す人はまずいないだろう。だから、個別最適化論にたいする批判はほとんどない。

しかし、個別最適化論は、本当に、「一人ひとりの個性が活かせる教育」をめざしているのだろうか？　それを問いかけてみたい。

1　教育と学びを計測する――「教育や学習を科学する視点」とは

「データの力」を借りる

「教育や学習を科学する視点」とは、「Society5.0に向けた人材育成」を検討する文科省文書（「Society5.0に向けた人材育成～社会が変わる、学びが変わる～」２０１７年、以下「Society5.0に向けた人材育成」）に出てきた言葉だ。具体的には「教育方法や手段を決定する際の拠り所」として「認知科学やビッグデータの活用等」を進めるということ。教員の個別的な「経験や勘」が重視される従来の教育方法では、子どもたち一人ひとりに適した学びを提供するのは難しいというのである。

教育ＤＸ推進論者は、これまでの教育方法について、学級単位の一斉授業という方式では一人ひとりにそくした学習課題の設定や学びの組み立て、指導・支援が十分に行えず、主体的に学ぶ姿勢や創造的な思考をはぐくむことができないと批判する（「ＡＩ（人工知能）やデータの力を借りて、子ども達一人ひとりに適した多様な学習方法を見出し、従来の一律・一斉・一方向型の授業から、EdTechを用いた自学自習と学び合いへと学び方の重心を移すべき」［「未来の教室」ビジョン］）。

　これまでの教育を「一律・一斉・一方向型の授業」と単純化するのはまちがいである。それぞれの子どもに応じた課題の設定や学びの組み立てが必要なことは、従来の教育でも当然のことと理解されてきたし、だからこそ、個々の教員の経験に即した指導が重視もされてきた。子ども一人ひとりの学習や生活にかかわるデータを活用することがなかったわけでもない。

　しかし、それでは不十分だからＡＩやビッグデータの「力を借りる」という。

では、どのようにＩＣＴを活用しデータを活かそうというのか。教育ＤＸ論で示される具体的な活用法の例示を見よう。「新時代の学びを支える先端技術活用推進方策（最終まとめ）」（文科省、以下「先端技術活用推進方策」）に示されている例である。①、②は教員、③は子ども、④は保護者の視点から、ＩＣＴ活用の利点について述べている。

①昨日宿題にしておいたＡＩを活用したドリルに子供がいつ取り組んだか、どの問題でつまずいた

か等が自動的に分かりやすくまとまったデータを確認する。「Aさん、宿題をやったのが夜11時か……今日は寝不足かもしれないな。」「Bさん、いつもと違って、短時間で一番難しい問題まで到達しているぞ。褒めてあげよう。」

②手元のタブレットを見ると、グループ内の発話量がデータとして収集されており、一目で状況を把握できる。これを見ながら発話量の少ない子供が思考を深めるために黙っているのか、議論の輪に入っていけないのかを見極めて、各グループの活動状況の違いを把握することができる。

③パソコンを開くと、これまでの学校や家庭での学習記録のデータから、今日学習すると効果的な問題のレコメンドが並んでいて便利だ。学習のアシスト以外にも、私が興味を持つかもしれないとレコメンドされている学問分野や仕事等も紹介されている。

④スマートフォンを見ると、学校からの連絡事項として子供の学校の状況はもちろん、教師が気になる行動等を音声入力で記録したデータ等がリアルタイムで見ることができて子供の様子が臨場感を持ってよく分かる。（傍点は筆者。以下同様）

傍点部に示されたような種々のデータをいつでも簡単に利用できれば、たしかに、便利にはちがいない。学習や教育に有意義で当事者が望むデータをそろえ、気軽に（利用環境・利用機会に格差や不平等がなく）利用できるようにすることは重要だ。その意味でのＩＴ環境整備やデータ利用の拡大に反対する者はいないだろう。

もちろんそう言えるのは、学習、教育に有意義と認められるかぎりでのことである。先の例示でのデータ利用はいかにも役立ちそうに書かれているが、本当に有意義なのだろうか？　データ活用は有益だという一般論ではこの問いに答えたことにはならない。どんなデータを誰がどのように使うのかを検討しなければ、有意義かどうかは判断できないからだ。見られるように、教育DX構想が想定するデータの範囲はこれまでの学校教育で想定されてきた内容よりもはるかに広い。例①での、子どもが家庭で何時に宿題したかをつかむデータや、例②の発話量データなど、ICT活用抜きには収集できない。

教育DX構想が学習・教育に有用とみなすデータはおおよそ次の3種類に類別できる。

A　個別最適な学びを可能にするための学習ログ／さらに、「個人の学習状況等のスタディ・ログを学びのポートフォリオとして電子化・蓄積」する（「Society5.0に向けた人材育成」）。

B　教育活動全般にわたる行動科学的な計測データ／教育活動全般とは、教師のはたらきかけだけでなく、〈教師－子ども〉関係や〈子ども－子ども〉関係をふくむ。教科外・学校外での活動もふくむ。

C　個別最適な学びを実行させる学習アルゴリズムや教師のはたらきかけを最適化するためのビッグデータ／A、Bのデータを集積する。

では、A、Bのデータをどこからどのように収集するのか。

学習ログは、「学校や、学習塾・フリースクール・スポーツ教室・音楽教室等の民間教育サービス、更に子どもたちを支援する専門家による連携も容易にするべく、標準化されたフォーマットによって、相互運用性を担保して蓄積されるべき」(「『未来の教室』ビジョン」)とあり、学校内外での子どもの「学習」活動すべてが収集対象になる。[*2]

さらに、子どもにとって遊びと学びの境界は一義的に定まらないから、子どもの生活の大半がデータとして収集対象になりうる。何が最適な学び方かを提供するためのデータは、論理的には、子どもの生活すべてをカバーしなければならないだろう。

教師のはたらきかけへの反応、子ども同士のかかわり合いといった領域では、「センサ(感知器)等を使用して様々な情報を計測する技術(センシング技術)を活用することで、子供の個々の状況がこれまでにない精度で客観的かつ継続的に把握できる」という。「校門のセンサで感知する登校時間が日に日に遅くなっている子供がいれば注意情報として自動的に通知」という具合にである(「先端技術活用推進方策」)。

通過する人の不安や怒り等を感知できるカメラに「校門のセンサ」をバージョンアップすれば、さらに正確な心理状態がリアルタイムでデータ化できるだろう。そうしたカメラはすでに市販されている。ウエアラブルのセンサ端末を使えば、各種の生体データをふくめ膨大な個人情報が収集可能である。

このような収集データを利用した学習・教育のすがたは、たとえば、以下のように描かれている。

「学習の「ツール」として様々なEdTechが登場していることを最大限に活かし、様々な「教室空間」（学校・オルタナティブスクール・学習塾・自宅・社会課題の現場や研究施設等）、様々な「先生」（学校教員・塾講師・研究者・友達や先輩・企業やNPOの人）、様々な「学習内容」（探究テーマや各教科単元）、様々な学習ツール「EdTech」（AI・講義動画・電子書籍・VR・オンライン会話・プログラミングソフト等）を組み合わせることにより、一人ひとりの学習者に適した形で「学びの生産性」を最大化すべき」（「「未来の教室」ビジョン」）。

学習、教育活動に有用とみなされるデータの収集範囲と手段の拡大が、データ活用のしくみだけでなく、学校教育のあり方を大きく変化させることは、ここに引いた記述から推測できる。教育DX構想は学び方を変える方法論、新たな学習・教育手段を活用する技術論ではない。それらの方策を入り口に、教育を変えようというのである。

では、学校教育のこれまでのしくみはどう変化させられるのか？

収集対象となるデータの際限ない拡大

教育DX構想が想定する膨大なデータ収集は、ただちに、個人情報をどこまで取得できるか、すべきかという疑問を呼び起こすはずだ。個人情報の保護は教育ＤＸの実現にとって障害とされる（「セキュリティの確保やプライバシー保護の観点を重視し過ぎていることから、データの利活用が進んでいない」「先端技術活用推進方策」）から、この疑問は個人情報の収集取り扱いをめぐる鋭い対立の存在を示している。

ある子どもにとって「最適な学び」を見出すのに有用なデータはその子どもの生育歴・生活全体に及ぶものであった。つまり、個別最適な学習プログラムを提供するために収集されるデータは無限に拡張する。経済力をふくむ家庭環境の詳細はもちろん、センシティヴデータである病歴等々、究極の個人情報と言われるゲノム配列にいたるまで、「その子どもに最適な学び」の抽出という目的にそうなら、収集すべきデータはどこまでも広げられる。

個人情報保護の制約がある以上、データ収集の範囲拡大がそこまで急に進むとは言えないかもしれない。センサーでリアルタイムに自己の情報をつたえるようなしくみは強い抵抗感を生み出さずにはおかない。Ｊｅｐが推進側の意図したようには広がらなかったのも、趣味の領域までデータを提供することに高校生たちが戸惑い躊躇したからだろう。あらゆるデータを集めずにはおかない教育ＤＸの要求と、「知られたくない領域がある」という感覚とのあいだには鋭く深い対立が存在するのである。

個人データ収集のそのような際限ない拡大を許してよいのかという疑問は、個別最適な学習プログラムの構築という教育観そのものへの疑問につながる。

どのようなデータセットをそろえれば、それを用いて最適の学習プログラムを提供できるのか？そこでの学習の対象が教科ごとの課題として提供されるのでなければ、どのような組み合わせを最適とするのか？　ある学習プログラムを最適と判断する時間的スパンはどのように（どのようなデータセットを根拠に）決定するのか？……これらの問いを積み重ねてゆくと、「最適」という一見わかりやすい条件の内容も、この内容を導き出せるデータの扱いも、きわめて漠然としていることがわかる。

一人ひとりの学習データを見て、つまずいた場所等を確認し、その状態に応じたプログラムを立てることはそう困難ではないだろう。つまずきの解決に有効とされる方法を、ビッグデータの解析から抽出し採用することも可能である。

そうした手法は、もちろん、無用ではない。しかし、ある子どもが突然事故に遭う確率を組みこんで「最適な」学習プログラムを組むのは難しい。あるいは、恋愛で学習意欲が薄れるといった、思春期のライフステージにありがちな事態を踏まえた「個別最適」を実現できるプログラムなどあるだろうか？

何が最適かを判断する基準にこうした曖昧さがつきまとうのは、一人の子どもについて、意識の変化や将来の環境予測をふくむあらゆるデータを完璧に用意できない以上、当然のことに思える。それゆえに、学習も教育的はたらきかけも、手持ちの情報を手がかりにするしかなく、未知の領域、情報の不完全性を前提にしながら進められるいとなみと考えられてきた。試行錯誤があり、成功と失敗がある。教育とはそういうもので、「100％成功術」といった謳い文句で語られる学習方法や教育方法は、むしろうさんくさいと思ったほうがよいのだ。

教育的な関係のプロセスには回避できない不確実さがあるということの発想には、人が人にかかわる次元の核心的な性格を考えるうえで重要な手がかりがあるように思う。未知の領域があること、知らずにいることを不可欠の条件とし承知しながら〈つたえる－学ぶ〉関係を構想すること――重要な手がかりとはこれだ。

「最適」を想定することはこの手がかりを捨て去ることのように思えるが、個別最適化論はそう考えない。最適の基準が曖昧という疑問にたいし、行動科学的な手法を用いた「最適」の抽出が可能だというのである。たとえ恋愛等の阻害要因が生じても学習意欲が衰えぬような動機づけと学習方法の開発ができるなら、最適の設定は無理という異論は斥けることができる。

例③の「あなたへのおすすめはコレ」という提案（レコメンド）が動機づけにあたる。最適な〈課題設定－学習活動設定〉のためには最適な動機づけが必要であり、最適な動機づけを行うためには動機づける対象者の状況を完璧につかまねばならない。対象者のあらゆるデータを収集しようとするのは、この理屈にもとづいている。

例に示されたデータ活用がこの論理をどれだけつきつめて考えているかは疑問である。しかし、データ収集のこうした方法論的な位置づけには、個別最適化論の特質がよく示されている。この点は、個別最適化論の思想的な特質を見る第2節で再考する。

データ収集の集権から集権的教育体制へ

先に示した例①〜④では、利用されるデータが学校に集約され、目的に応じてそれらを教師、子ども、保護者が活用する想定になっている。家庭での学習記録をふくめそれらのデータは学校教育の手が及ぶ範囲内で収集されるかたちになっているから、「どこに（誰に）集積されるのか」という疑問は、そのかぎり、生じない。

しかし、前項で述べたように、データの収集範囲は学校教育の領域外に広く及ぶ。経産省「未来の教室」構想では、学習塾等、民間の教育産業領域や社会活動分野（趣味をふくむ）にまで教育領域を広げており、そうなれば、その広い領域のデータは「どこに（どんな主体に）集積されるのか」という問題が生じる。文科省構想（「先端技術活用推進方策」）でも、教育ビッグデータの活用について、「将来的には医療や福祉等の他分野ともデータ連携することでよりきめ細かな指導・支援が可能となり得る」と述べ、「データ連携」を展望している。連携にせよ共有にせよ、あるいは、単一の集積主体を想定するにせよ、膨大なデータがどこに集められるのかという問いが生じる。

Ｊｅｐのように、生徒が自ら記録したデータの集積であれ、センシングによる自動的なデータの集積であれ、どこにそれらが集積されるのか（集積主体は誰か）が問題なのは、集積主体が集積の効果をもっとも有利に（優越的な地位で）享受できるからである。

文科省構想では、個々の学校や教育委員会がおもな集積主体に位置づけられているように見える。学習塾での成績や学習状況のデータは受けとっても、逆方向でのデータ利用には躊躇があるだろうし、学童保育所に学校での子どもたちの各種データがわたることも同様だろう。

現状では、データの集積主体は基本的に分立しており、分立を前提にしたデータの取り扱いがなされている。その前提を崩さぬ範囲で描かれた文科省構想と言ってよい。

しかし、ビッグデータの活用を謳うことの眼目には、集積主体のそうした分立を、「テクノロジー」の次元から解消させることがある。たとえば、学習ログから「効果的な学習課題」を設定し推奨することは、個々の教員、学校単位でなくても可能である。膨大な学習ログを活用できる集積主体であるほど、「確実に効果的な課題設定」ができる――つまり、学校教育に活用するビッグデータの中心収集対象は日本一国の範囲内であるとしても、義務教育レベルでは1000万人程度の子どもすべてのデータが集積されることがもっとも効果的なのだ。たとえば、合格率予測に使われる全国規模の塾産業に集積されるデータの信頼度が、学校単位での予測データよりもはるかに高いことを見れば、データの集積度がもつ力を想像できよう。

このように、ビッグデータの活用はデータの巨大な集積を前提にしており、データ集積の主体が優越した影響力（支配力）を握る可能性に道を開く。子どもや「教師」（学校教師にかぎらず教育的機能を帯びた活動に従事する者すべて）の多方面にわたる活動の集積は、つまるところ、データ集積の集権化を不可避にするだけでなく、そうやって得られたデータを子どもや教師一人ひとりが利用できるプログラムのかたちにつくりあげる存在を不可避にする。集積主体とは、そうした役割を果たすことができる優越的な存在を指している。

膨大なデータを手中に収めることで強大な社会的影響力と支配力とを獲得できることはGAFAを見ればただちに理解できるだろう。例①～④はそうした集積主体の所在をぼかしているため、これまでの学校教育の枠内でのデータ活用にしか見えない。しかし、「個別最適化」プログラムの具体化は、誰がデータを集積し、最適なプログラム提供のしくみをつくるかという問題を必ず生じさせる。[*3]

全国規模の学力テストや学習状況調査、集積した学習履歴等のビッグデータを用い、個別最適なプログラムを提供することは、むしろ、単一の集積主体だからこそ「効率的」に行える。「短時間で一番難しい問題まで到達している」子どもを褒める（例①）のは、その子を直接に（対面的に）知っている教師でなくても可能だ。褒めるという行為の対面性が重要で意味があるというのなら、短時間で一番難しい問題に到達している子ども、前にミスした問題を今度は正答した子ども等々、それぞれの状況に即して、「このように褒めてください」という指示を教師に与えればよい。個別最適な指導プログラムの提供である。

このように、個別最適化の推進は、個別指導について普通イメージされる内容とは逆に、集権的な教育体制の実現につながっている。

揺らぐ教育の公共性

教育DX論は、「真のEBPM（Evidence-Based Policy Making）」を実現するためには、「現在は、国、地方公共団体、民間事業者等の様々な主体が別個に保有しているデータを集約し活用できるようデータ規格の標準化やデータのオープンソース化を図っていくことが必要」だという（「Society5.0に向けた人材育成」）。公共機関、民間を問わずデータを共有し活用できるシステムが必要というのである。

これは、多様なデータ集積主体を束ねるしくみに教育を再編する構想であり、公教育の「公」すなわち公共性がそれによってどう変化するのかが問題になる。学校外にも広がる子どもたちの生活のさまざまな要素が、学びの促進や阻害にかかわる以上、そうした要素をつたえるデータの集積主体のあり方が問われる。

たとえば、「国及び地方公共団体は、全ての不登校児童生徒にたいし、多様な支援を提供するため、その支援の中核となる教育支援センターの設置促進やアウトリーチ型支援の実施、ICTの更なる活用、民間団体との連携促進など、機能強化策を検討する。また、不登校やひきこもり、いじめ問題の対応のため、データをもとに現状を把握し、未然防止の取組を進めることを検討する」（「第12次提言」）とあるように、教育の機能不全にかかわる諸問題については、「教育支援センター」が集積主体に想定されている。取り扱う問題に関係するデータは公共機関、民間団体・事業を問わず集積するから、そこで担保すべき公共性とは何かがあらためて問われることになるだろう。

学習ログの共有について言えば、塾産業、学校それぞれのデータがどのように共有されるのか気になるにちがいない。営利事業である学習塾が得るデータと公教育機関が保持するデータとを共用するためには、教育のいとなみについて、従来の〈公教育—営利事業〉という境界区分を越えた枠組みが不可避になる。

「学習者の利益になるのだから」という理由づけが、この新しい枠組みを正当化するのに持ち出される。一人ひとりに最適のプログラムを提供するためには公共や民間という区別も、営利と非営利と

スポーツ活動の活動率

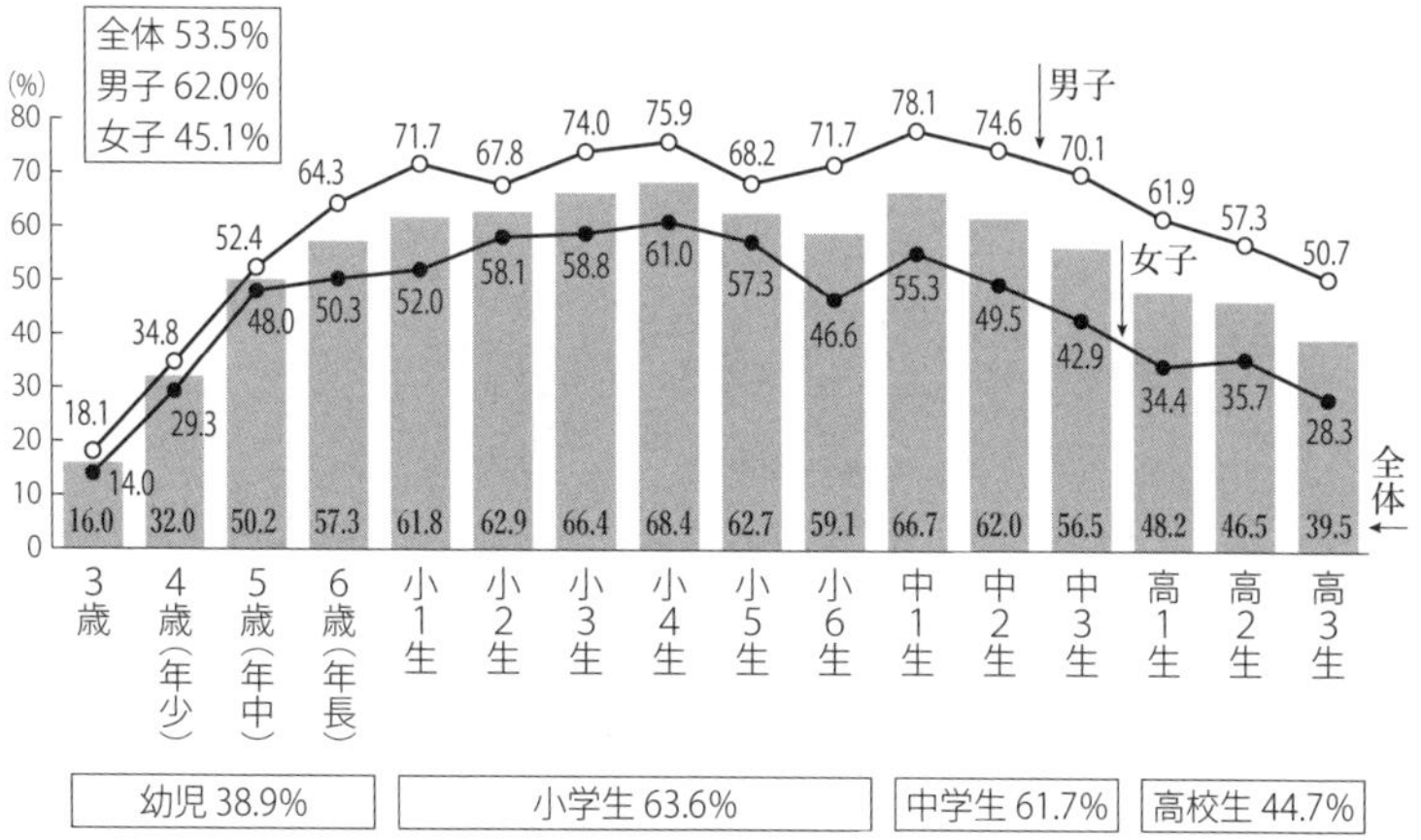

注）スポーツ活動の選択肢のうち，いずれかを選択した比率（%）。
出所）ベネッセ教育総合研究所「学校外教育活動に関する調査2017」。

いう区別も不要どころか有害ですらある――こういう理屈で、既存の公共性にこだわる議論は否定されるのである。つまり、個別最適化という考え方に従えば、教育における公共性の観念は変質させられる。

公共性の大胆な投げ捨てと形容できそうなこの主張は、すでにかなり進行している事態の追認とも考えられる。いまでは、学校外のさまざまな場所に、〈つたえる―学ぶ〉いとなみが広がっており、広い意味での教育的いとなみを学校教育システムの内側だけに限定してとらえることが難しくなっているからである。

たとえば、学童保育に通う小学校低学年の子どもは、学校にいる時間よりも学童保育にいる時間のほうが長い。そしてもちろん、学童保育という場の特徴にそくした〈つたえる―学ぶ〉いとなみがある。

また、営利、非営利を問わず、子ども向け民間事業も子どもたちの生活に浸透している（図）。それらが、時に、学校教育よりもずっと強い求心力・影響力をもつことは周知のとおりだ。広い意味での教育事業に参加していなくても、知りたいことをYouTubeで学ぶといった例はめずらしくない。ダンスを練習したいが学校には詳しい先生がいないのでYouTubeで学ぶというように。

こうした現実を念頭においたうえで、個別最適な学習プログラムの提供を目的とするなら、教育の公共性に関する既存の理解が邪魔に映るのは必然だろう。

子どもの生活全体を見渡して、教育的いとなみが生きてはたらいている場面をリアルにつかむことは重要である。学校教育の内側に〈つたえる－学ぶ〉いとなみを閉じこめることはできないからだ。

しかし、それだからと言って、教育DX論者が主張するデータ収集・活用のしくみが不可欠との結論にはならない。学校外での行動やそこで子どもがぶつかっている困難を従来の教育現場がおしなべて無視してきたわけではない。一人ひとりの事情に即して実践的に対処する経験、つまりその子にとってその時点でもっともよいと思われる対処を追求することは、学校現場では、むしろ当然とみなされてきたはずだ（学校外での教育的いとなみにかかわる者にとっても、これは同様である）。

データの活用をふくむ学校内外の適切な連携が子どもの成長を支えるうえで有用なことは言うまでもない。しかし、そうした連携は、教育的いとなみにかかわる当事者の経験（＝教育関係）を土台につくられなければ実効性をもたない。教育関係の公共的次元には、「当事者の経験を土台にする」ことの制度的な保障という意味がふくまれている。集権的な教育体制を前提にする個別最適なプログラム提供はこの点を見過ごしている。

学校外で子どもたちが経験する教育的いとなみの多くは、多かれ少なかれ、費用をともなう。とりわけ、スタディ・ログにデータを記録するような活動はそうだろう。状況に応じてたまたま出現するたぐいの〈つたえる－学ぶ〉いとなみは、そういう状況（場）を意識的に記録する特別なとりくみがなされぬかぎり、記録されずに埋もれてゆく。

この事実を考慮すれば、学校外での子どもたちの活動率は家庭の経済力に大きく左右されることがわかる。ログに記載される活動経験がほとんどないことは、それを前提にした「個別最適化」プログラムの内容に影響を与えずにはおかないだろう。家庭環境・社会環境に由来する子どもたちの活動格差や経験格差が、そのまま、最適プログラムの格差につながりかねないのだ。そうした格差を固定化させず、平等な環境で学ぶことを保障するのが公教育（教育の公共性）の使命であり、責任である。教育DX論にもとづく「データ駆動」は、この責任を果たすよう組み立てられているだろうか？　構想を見るかぎり疑わしいと言わざるをえない。

「データ駆動」の疑わしさは、本人にたいする否定的な評価を導きうるデータの取り扱いでも生じる。不登校、引きこもり、非行等のデータが問題への対処や支援のために使われるのは有用だろう。しかし、それらがライフログの一部に組みこまれ、「現状把握と未然防止」に活用されるなら、データに記載されること自体が、対象者を抽出し「問題視」の枠内で扱うことになりかねない。子どもの貧困対策にかかわるデータも同様である。「貧困状態の子供の支援のための教育・福祉データ連携・活用」の先行事例（実証事業例）にあげられる箕面市、つくば市、広島県府中町などでは、福祉、医療、教育など幼児期からの広範囲にわたるデータを集中・集積し、アルゴリズムを用いて、「見守り」を要する家庭をピックアップすることが試みられている（内閣府「貧困状態の子供の支援のための教育・福祉データ連携・活用にむけた調査研究　報告書」２０２１年）。児童相談所に虐待判定へのＡＩ導入を検討する動き（『東京新聞』２０２２年8月25日）も、問題を抱える家庭・子どもを把握するデータ駆動の一環である。「こども家庭庁」を司令塔にする子育て支援の柱のひとつは、この分野での事業展開である。

しかしこの場合、データへの記載対象となった子ども、保護者が警戒するのは自然であるから、記載を避けようとする。「データ駆動」がデータ記載の忌避を促す。記録をめぐるこうした軋轢、葛藤の複雑な様相を「データ駆動」が押し流すのである。

2　個別最適化論はどのような教育観に立っているか

「個別最適化」アプローチは教育のあり方を変質させる

個別最適な学びのプログラムを提供するためにデジタル化技術を活かしたデータを駆動させる手法は、学習・教育技術の開発という狭い範囲にとどまらず、教育システム全体を変化させる。個別最適な学びを軸に据える教育の推進は、個体に焦点を合わせた陶冶・社会化の体制を築こうとするものであり、これまで一般的にイメージされてきた学校生活や学級での学習、教育課程などを大きく変更させずにはおかない。
次の記述はそうした変更の必要を露骨に表明している。

「一人ひとりがEdTechの活用を通じて日々蓄積される学習ログの分析をもとに、個別学習計画を随時更新しながら、自分に最適な学び方を模索するサイクルを構築する必要がある。そのためには、標準授業時数や、学習指導要領に基づく学年ごとの学ぶべき単元の縛り等の制約を緩和すべきであろう。どれだけの時間、授業に出席したかを基準とする「履修主義」ではなく、かけた時間を問わず、理解度・達成度を客観的に測定する「到達度主義」に基づく評価と、それに基づく授業編成を導入すべき」（「『未来の教室』ビジョン」）。

「最適な学び方のサイクル」が教育の中心になれば、学級での授業時数を決めなくてよい。学習（教育）課題のステップも一人ひとり個別に進めればよく、何をどこまでできたか測定する（到達度主義）だけでよい。「個別学習計画」をチェックさえすれば、その中身を家庭で進めてもかまわないだろう。これはコロナ禍のオンライン教育ですでに広がりはじめた状況であるから、あまり違和感なく受け入れられる土壌がありそうだ。
学校教育の焦点がこのように変化すれば、教師の中心的な仕事・役割も変化する。学習ログ、ライフログなどのデータにもとづいた「個別最適化」プログラムのチェックと達成度の計測・評価がもっとも重要な作業に位置づけられても不思議ではない。データを活用することは義務と言ってよい。教師のそうした仕事もデータ化し活用しなければならない。たとえば、「学習に関するデータ（学習履歴：スタディ・ログ）や生活・健康に関するデータ（ライフ・ログ）、教師の指導・支援等に関するデータ（アシスト・ログ）を適切に収集し、活用していくことが極めて重要」（「第12次提言」）と指摘されているように。

「個別最適化」プログラムを進めるなかで生じる問題や困難等に対処するのは、もちろん、教師の仕事になるだろう。ただし、教科担任制の拡大やカウンセラーの活用等によって、問題や困難を個別に切り分ける手法が想定される。

「骨太の方針２０２０」の以下の記述はそうした方向を明示している。

「教師のＩＣＴ活用指導力の伸長、ＩＣＴ活用方法等の支援、学習成果重視への評価の転換、ＩＣＴの活用等を含めた特別支援教育、いじめ・不登校への対応、全ての児童生徒に対する個別最適化された学習計画の作成、教育データの標準化・利活用を進める」。「授業時数の柔軟な取扱いや小学校における教科担任制の導入など教育課程・教員免許・教職員配置の在り方の一体的検討を進める」。

総じて言えば、子どもたちの陶冶・社会化に有用な環境とみなされてきた学級という小社会の構築が、教師の仕事・役割から外される方向が見てとれる。子ども一人ひとりの「学びの生産性を最大化」できる「有能なマネージャー」の役割に教師の位置が移動させられるということだ。

子どもたち一人ひとりが立てる学習計画をもとに学びを組織する手法は、たとえば、フレネ教育で以前から行われてきた。学習指導要領の拘束が強い日本の教育現場では困難があるが、一人ひとりの関心、進度、学習状況を踏まえた学び方が追求された。しかし、フレネ教育は個別最適化論の言う到達度主義には立っていない。また、一人ひとりの学びが集まり交流できる場としての教室（工房としての教室）が重要な位置を占めている。教師の仕事は、個別の学びとそれらを交流できる場とを保障することに向けられる。フレネの自由教育は、したがって、教室という社会空間で共に学ぶいとなみを組みこんでいる。個別最適化論の教育構想とは大きなちがいである。

個別最適な学習プログラムを実行させると言っても、学齢段階によっては困難があるだろう。学齢段階の特質を踏まえるべきことは個別最適化論も意識しているようだが、個別最適という考え方は幼児期から大学教育までつらぬかれている。近年における幼児教育の強調、ケア（養育）の次元が不可欠な幼児期の成育を学校教育体制により深く組みこむ動向は、個別最適化という手法を保育所、幼稚園に持ちこむ地ならしと言えるだろう。「幼児教育もデジタル化を」という以下の提言はこれを示すものだ。

「国は、幼児教育段階でもデジタル化を推進し、家庭との連携の充実や教員研修の改善等の観点から、ＩＣＴ環境の整備と効果的な活用を促進する。また、乳児期・幼児期と小学校との連続性を意識した国・自治体における幼児教育推進体制（幼児教育センターを含む）の充実・強化やスタートカリキュラムの充実を促進する」（「第12次提言」）。

幼児期の子どもに実際にかかわる保育現場などでは、デジタル技術にもとづく「データ駆動型」の教育を求められても、その必要性や緊急性を実感できないだろう。データにもとづく「最適」なプログラム（課題）を実行せよと指示されても、現実の子ども一人ひとりが示す振る舞いや感性の意外性や豊かさをそれで受けとめられるとは思えないからだ。しかしそれでも、教育DX構想は、幼児段階から新たな教育手法になじませようと提唱している。*4

「個別最適化」手法の特徴と矛盾

個別最適化という手法に拠らなければ一人ひとりの状況や特性に応じた学びが不可能であるかのように教育DX論者は主張するが、それは正しくない。各人に即した学びの組織、教育の試みは、それが十分であるかどうかはともかく、これまでの教育実践でさまざまに追求されてきた課題である。その経験を踏まえ、一人ひとりに寄りそう教育を阻んでいる要因は何かを正確につかまなければならない。

個別最適化論はそうした検討を通じて提起された主張とは思われない。デジタル化技術を教育現場に持ちこむことが至上命題（そうしなければデジタル化社会をになう人材開発に後れをとるからという理由で）であり、多くの難点を無視した「データ駆動」を義務づける、上意下達型教育の提唱だからである。

したがって、個別最適化論にもとづく教育体制を実現すれば一人ひとりの状況や特性に即した学びが保障されるとは言えない。個別最適化論が拠って立つ教育観は、その手法に照らすなら、「深い学び」を排除し、競争主義的な能力観にもとづく能力開発を志向しており、個別最適化という言葉からイメージされる個性の尊重等とは異なる。あらかじめ結論を述べるなら、個別最適化論の教育観は、能力主義競争の純化・先鋭化を志向し正当化するものと言える。

ここで能力主義とは、人が発揮する種々の力を、もっぱら、個人に帰属する力として表象し判断し評価する考え方を指す。純化・先鋭化と述べたのは、これまでの教育観に存在してきた能力主義競争にそぐわない論理を徹底して排除する特質のゆえである。

そう考えられる理由を、以下で述べよう。

①「個別最適」の最適とは

一人ひとりの状況や特性に応じた教育という理念[*5]に異を唱える者は少ないから、個別最適化論にたいする疑問は起きにくいと述べた。

子どもそれぞれの特徴をつかみ、興味・関心を活かした学びを触発し組織する教育的はたらきかけの具体例には事欠かない。そしてそれは望ましいと感じられる。「自分のこと（自分の子どものこと）をわかってくれる先生」の有無が学校生活での重大事のひとつなのは、個人の特性等をよく踏まえた教育への期待感があるからだろう。

〈画一的教育vs個性を活かす教育〉という対照的な教育イメージは学校教育について広く浸透したダイコトミー（二分法）で、後者のほうが高い評価を得ているのは言うまでもない。教室での一斉授業=画一教育という非難は短絡的だが、個人の状況も特性も無視する教育の実例はいくらでもあげられるから、個性等々に応じた教育のほうがよいと感じられるのは当然だ。

個別最適化論もこの対照的イメージに寄りかかっているわけだが、「一人ひとりの状況や特性に応じる」とは、そもそも、一人ひとりの、何について、どのような根拠から、「その人に即した固有のもの」と判断するのか？

この問いに正確に答えようとすると、「個性を活かす」等々の表象がきわめて曖昧だとわかる。本稿でも、「個性」「興味・関心を活かす」「個人の特徴に応じる」など、異なる言葉をあえて曖昧なまま用いてきた。「一人ひとりの状況や特性に応じる」という表現は「何に応じるのか」をとりあえず過不足ないかたちでイメージさせる。それは同時に、特性や状況という広がりをもつ（曖昧でもある）言葉でないと一人ひとりの「何に」応じるのか示しにくいということでもある。

「個性」であれ、「個人の特徴」であれ、それらに応じる教育的はたらきかけを行うと言う以上、個性や特徴の内実をわかっていることが前提になる。しかし、教師は、「あの子の個性はこうだ」と明確に判断できているから個に応じたはたらきかけを行っているのだろうか。それは疑わしいと言わざるをえない。

そもそも個性とは、生得の、変えようのない固有の特質を指すのではない。社会的な世界のもとで特有の位置におかれるからこそ、つまり、社会的かかわり合いのなかではじめて、「その人らしさ」が生まれ育つ。その意味では、陶冶の過程で個性もまた育つのだ。したがって、「個性を活かす」と言っても、あらかじめ存在する個性を発揮させるというモデルは通用しない。[*6]

では、子ども一人ひとりの特徴に応じるはたらきかけとは、「何に」応じているのだろうか。

気持ちがわかること、おかれた状況がわかること、どんな応答の仕方をするかわかること、心理的特性がわかること……それらの理解（感知）を根拠に、その時点でその子に適切と考えるはたらきかけを行い、学びの触発を試みているのではないか。つまり、子どもの特徴として何をつかみ取り出しているかは、その子どもとのかかわり合いをふくむ複雑で創発的なプロセスであり認知ではないのか。

もちろん、ある子どもがどんな困難にぶつかっているかわかっており、それを解決するためにもっとも適切と考えられる——適切さの内容は、解決のステップが明確で一つひとつの課題がとりくみやすい、解決の手段が準備できる等々——やり方も明確である場合、その子にふさわしいはたらきかけを行えるだろう。子どもの側から見れば、「私にわかるようにていねいに教えてくれる、何をすればよいかはっきりさせてくれる」というわけである。

この場合、教師がわかっているのは、どこで困難にぶつかっているか（つまずいている点は何か）であり、困難を解決するための課題設定は、困難の性格に応じて導き出される。たとえば、算数でつまずいている場所をつかみ、そのつまずきを解消するのに最良の手法を、同様のつまずき解消例をもとに提供するといった場合がそうだ。

問題の所在をつかみ、それに応じたタスク設定と解決の手順を示すことが効果的な学びを実現するうえで有用であることは疑いない。しかし、これを、個性等々の個人的な特質に応じた学びとみなすのは不正確だろう。教師が理解しているのは学習課題それぞれにある困難とその性質であり、それらの困難を解消できるタスクの組み立てである。ある子どもがどこでつまずいているかを知るとは、こうした困難とタスクの配置図上でその子のいる地点がわかることにほかならず、したがって、子ども一人ひとりの特性と状況をつかむこととは区別される。

適切な学習ステップを各人の課題と到達度に応じて組み立てる、こうした手法を、タスク達成型はたらきかけと呼ぼう。タスク達成型はたらきかけにＡＩや認知科学を利用して得られたデータが役立つことはあるだろう。ビッグデータを解析して子どものつまずきに関する知見やその解消に有効な手立てに関する知見を抽出することは、タスク達成型はたらきかけの検討にとって有意義だからである（知見の抽出が適切なアルゴリズムにもとづいているという条件で、かつ、学習課題の配置図とタスクの配置図が適切につくられているという条件つきで）。

「個別最適の学習計画」がこの意味で用いられるなら、「最適」の意味は、そのかぎり、了解できる。だが、この「最適」とは、学習課題の配置図上でそれぞれの子どもが位置する場所を特定し、適切な次のステップを示すという意味での最適であり、個性等々の個人の特性を捨象しても成り立つ最適である。

この限定された「最適」の枠を越えて子ども一人ひとりの特性や状況に応じた「最適」を導き出そうとすると、たちまち、前述した難題にぶつかる。子どもそれぞれの特徴の何に着目し取り出して「最適」と判断するのか示すことが難しいのである。

個別最適化論はその点を突いて、教師個人の熟練や勘に頼る手法はエヴィデンスにもとづいていないため汎用性に欠けると批判する。そうした従来の手法ではなく、「能力・特性や習熟度、地域の実情等に応じた多様で個別最適化された深い学び」(「骨太の方針2020」)を実現しなければならないと言う。

だが、「これが最適」と判定できるエヴィデンスは何か、どんなデータセットにもとづいて判断できるのかは、すでに述べたように、漠然としていた。

この疑問にたいして、個別最適化論はどのように答えるのだろうか。

どのような条件が整えば(動機づけがあれば)、その時点で一番達成しやすいと考えられる課題にとりくむ行動が生まれるか(行動予測)を明らかにすればよい——これが「最適」を導き出す基本図式である。

では、ある子どもが最適な行動選択をとると予測できる、つまり、「確実な」行動予測を導けるような条件(動機づけ)はどのように整えることができるのか。

この問いにたいして、個別最適化論は、一人ひとりの学びにかかわる十分なデータ(センシングデータ等をふくめ）を集め、子どもたちの学習・生活全体に関するビッグデータにもとづくアルゴリズムがつくられるならば、可能なのだと答えるだろう。データを駆動させるとは、この作業を意味する。

この手法を用いるのに、個性や個人的特徴が何かを考慮する必要はない。行動の変化を呼び起こす要素についてのデータがあれば、自動的に、最適の学習プログラムをつくり出せるからである。曖昧な（データ化できない）内面的特徴を想定することは無意味であり、内面の推測など求めるべきではない。つまり、個別最適化論にもとづく学びの組織は、明確な定義も定量化もできない個性等を考慮しないですむということだ。

この学習観・教育観はバラス・スキナーの提唱した行動科学の考え方にもとづく。[*7] 適切な動機づけ（刺激）を与えることで期待する行動結果が得られるというスキナーの主張が、個人個人に即して「有効」な動機づけを提供するデータ駆動の進展によってあらためて評価され、採用されるようになった。

以上から、「個別最適化」という手法を、子どもたち一人ひとりの特性に応じた学習法だとみなすことは不正確な理解だとわかる。個別最適化論の「最適」とは、「期待する行動を子どもから引き出すために最も有効」という意味にほかならない。

こうした「最適」のとらえ方には、「社会」が期待する方向に子どもたちを誘導するというふくみがある。たとえば、「適性を活かす」という意味で「個別最適化」という言葉が使われるとき、この点が露出する。適性とは、社会があらかじめ有用と位置づける「能力地図」の存在を暗黙の前提にしていて、そのどこに向いているかを判定する観念だ。「何に向いているか」は、子どもの特性から単純に導かれるのではない。

教育ＤＸ構想は「人材開発」の重要性を強調していた。来るべきデジタル化社会で活躍できる人材が必要という財界・産業界の要求が、そこには強く反映されている。「最適化」もまた、そういう位置づけにそって各人の「能力開発」を促す手法なのである。

②ポジティヴ全体主義

個別最適化という教育フレームに従って陶冶される人材には、特有の社会的特徴が付与されている。つねにポジティヴであること、どんな環境、状況におかれても「前を向いて」生きられることがそれである。個別最適化にもとづく陶冶（人材開発）とは、つねに前を向かせる駆動システムに子どもたちを組みこむことにほかならない。

そのように「学び続ける」ことへの要求は、たとえば、以下のように明瞭だ。

「Society 5.0において、我が国の強みを十分に活かすには、一握りのスーパースターがいるだけでは不十分である。各分野においてものづくりやサービスを担ってきた人材が、ＡＩやデータの力を最大限活用しながら様々な分野に展開していくことが不可欠となる。他方で、こうした人材は、Society 5.0における社会の変化に最も影響を受けると考えられる。産業構造の目まぐるしい変化により、必要な能力・スキルが刻々と変わり続ける中で、企業に雇われない自営的就労を行う労働者には、常にスキルをアップデートし、また新たな分野のスキルを身に付けられるよう自ら学び続ける力が決定的に重要となる」（「Society5.0に応じた人材育成」）。

「つねにスキルを磨き続けよ」というこの要求は、「社会」の求めにそうやって応じたくない、応じられない感じ方や態度を否定する。たとえば、「……困難があったら、正攻法で乗り越えればいい。そんな風に考えてる強い人間が、嫌いなんです。僕は」といった「態度」は排除されるほかない。[*8]「産業構造のめまぐるしい変化」によって余剰人員とみなされ失業する労働者にたいして自らスキルを磨き続ける努力を求める前提には、産業界（財界）の必要に応じた労働力編成（解雇の自由をふくむ）の絶対視がある。技術進歩が人の仕事能力を必然的に不要にしてしまうかのような記述だが、それはちがう。産業界の求めに応じて自分（の「能力」）をいつでもつくり変えられる存在になれということである。

この要請に応じるためには、「自分に何ができるか」[*9]だけを見つめ行動し続ける態度、心性が不可欠だ。つまり、どんな境遇、環境におかれても、つねにポジティヴであり続ける人間にならなくてはいけない。

ネガティヴな思考に陥ってはいけないというこの規範は、社会が自分に押しつける矛盾に気づかせないための「内面誘導装置」と言える。「ネガティヴ」とは、自分の意欲や能力に関心を集中できず周囲の事情に囚われること、前だけを見る行動ができず、「後ろ向き」の姿勢や躊躇など、前向きの姿勢を阻害する要因に囚われること。社会的にマイナス評価を受けても仕方ないのが「ネガティヴ」であり、ネガティヴとみなされぬためには、つねにポジティヴでなければいけない。

こうして、社会から肯定されるためには、徹底してポジティヴである以外にはない。ポジティヴ、ネガティヴのこの対照的関係は人の性格についてのもの、すなわち、内面性に踏みこんだ価値評価であるから、内面に食いこむ強烈な威力を発揮する。前向きで積極的な態度、行動は非難されにくく、他者からの評価も高いから、それと逆の、「ネガティヴ」な感情や振る舞いを表に出さず、自己の内に抑えこんでおくしかない——ポジティヴとネガティヴを対比させる二分法は、そういうイデオロギー的なはたらきをもっているのである。

この二分法が社会生活全体に広げられる状態をポジティヴ全体主義と呼ぼう。

貧困化と格差の拡大が世界的に進行し、普通の働き方で普通の暮らしを送ることが難しくなっている現代社会（新自由主義的な世界）では、その現実をリアルに受けとめようとすると、何らかの「ネガティヴ」な感情を抱かざるをえない。将来、格差は拡大するといった予測が若者の多数派であること[*10]は、この事実を裏づけている。

格差の拡大という現実に向き合うなら、つねにポジティヴであることは、むしろ非現実的な態度になるだろう。「低賃金のサービス労働」に従事しながらまるごとポジティヴに生きられると思うのは傲慢な認識とさえ言える。

しかし、それだからこそ、ポジティヴ全体主義の活躍する場が広がる。自分の困難な現状と社会構造とを結びつけて考える「ネガティヴ」な回路が遮断できるからだ。

ポジティヴ全体主義の傾向は新自由主義的な社会体制のもとで広がっており、[*11]日本もその例外ではない。しかし、一人ひとりに「最適」の行動選択を誘導するDXでは、前向きとか積極性といった態度・感情を各人に想定しなくてもよいはずであった。にもかかわらず、個別最適化論がポジティヴ全体主義の性格を帯びるのはなぜか？

エーレンライクが紹介している、ポジティヴなニュースだけを配信するウェブサイトのトピックがこの問いに答えるヒントになる（注11参照）。このトピックが、個人個人に焦点を合わせたターゲティング手法につながることはすぐにわかるはずだ。プロファイリングデータにもとづいて「最適」の情報を提供し行動を促す手法は、「いま、あなたに何ができるか」を「客観的に」呈示する。どんな行動を選択するかは、もちろん、形式上自由ではあるけれど、こうした選択アーキテクチャーが絶大な効果をあげていることから、この手法の有効性が裏づけられる。「ポジティヴであれ」と説得するのではなく、「できそうなこと」を眼前においてみせることで、期待する行動を誘発するのである。

教育DX構想の核心をなす「個別最適化」プログラムは、「いまできそうなこと」をそれぞれに与える手法の教育版である。一人ひとりのおかれた状況下で「何ができるか」を追求するのは、言うまでもなく有意義だ。問題は、「個別最適化」プログラムが、「できないこと」をめぐる多面的な問い（気づき）を排除する仕方で、「いまできそうなこと」に注意を向けさせる点にある。「個別最適化」プログラムの実行は、いわば、つねにポジティヴでいるしかない状況に自分の身をおくことだと言える。

すでに述べたように、「個別最適化」プログラムは個々人のプロファイリングデータとビッグデータにもとづくアルゴリズムによって導かれる。「何ができるか」の呈示（というタスク）に向けられるデータ駆動は、できないことに囚われない（注意を向けさせない）というタスクを組みこんでおり、ポジティヴな行動選択の自動化を実現しようとする。それは、ポジティヴ全体主義が教育・学習プロセスにビルトインされた状態と言うべきではないだろうか。

「自分にはこういう学び方がよかったのだ」という納得にいたる経緯は決して一様ではない。「個別最適化」プログラムに従って「できること」のステップを踏ませることのみを、どの子どもにとっても「最適」とみなすのは危険だ。「いまは勉強なんかしないでおこうね」という大人のはたらきかけが、長いスパンで教育的効果を発揮する場合もある。ある時点、ある状況で、誰とかかわるかにより、学びの「最適」は変化する。「できないこと」への直面が、何をどう学ぶかについて重要な発見を生むこともある。「できないこと」をめぐる多面的な問いを排除すべきでないのはこの理由からだ。

個別最適化論が想定するデータ駆動によって「最適」の学びを実現できるというのは、ごく控えめに見ても誇大宣伝であろう。むしろ、「できること」「できたこと」の集積によって自分が評価され続けるつらさを一人ひとりに体得させることになりかねない。そしてそうした、ポジティヴ全体主義の内面化は、「そんなのやっていられない」という感じ方や反発を、「ネガティヴ」な態度表明として徹底的に排除するだろう。全体主義のゆえんである。

③個体能力観の徹底

個別最適化論は、人が社会のなかで発揮するさまざまな力をもっぱら個人の能力という狭い枠内に封じこめる個体能力観に立っている。この「封じこめ」メカニズムがよりいっそう緻密に、「逸脱」や逃げ場を塞ぐかたちで機能する点に、個別最適化論を能力主義の純化と位置づける理由がある。

個体能力観を徹底させる点で「個別最適化」プログラムがどのように緻密なのかを確認しよう。

子ども一人ひとりについて、「何ができるか」「何ができないか」をデータによって把握する「個別最適化」手法が、〈できる－できない〉の個人別計測を土台にしていることは当然である。ここで、〈できる－できない〉判定を導く諸要因に関するデータ収集の範囲（データ駆動）が、テスト成績といった指標だけでなく、子どもたちの生きる領域全体に及ぶことに注意しよう。すでに見たように、学校生活だけでなく、子どもの行動や状態を詳しくデータ化し、それらを集積・統合して利用することが「データ駆動」の内容だった。

子どもたちが、さまざまな仕方で、時には意外な場面で、発揮する力を多面的にとらえることは大切だ。成績というモノサシだけで子どもを判断しない教師が、「子どものことをよく見てくれる」と信頼されるのは、子どもが示す力には多面性があるという感じ方のゆえだろう。

「個別最適化」手法に組みこまれた、子どもの能力の多面的測定は、しかし、こうした多面性の了解とは異なる。何ができて何ができないかを子ども一人ひとりの能力分布として特定することが、ここでの「多面的」測定の機能であり目的である。つまり、パフォーマンスの最適化を実現するためのデータ集積であるから、測定結果ではつかみきれない意外な側面や力があるかもしれないという予測や期待は排除される。データ駆動が精緻になればなるほど、どんな能力を開発するのが最適か導き出せるということだ。「最適」とは、この場合、子ども一人ひとりのどんな能力を動員できれば社会（産業界）に最も有用かという意味でもある。

「個別最適化」手法は、このように、多方面にわたるデータの集積を通じて個体能力観を強化し固定化させてゆく。学習成績の測定・評価にもとづく単純な能力主義のほうが、その基準に拠らない力の存立余地を残す点で、まだしもゆるやかな能力主義と言えるだろう。

個別最適化論は個体能力の開発に焦点をあてているが、教育的いとなみにとって、これまで不可欠と考えられてきた集団的要素をどうとらえているのだろうか？　ＡＩ環境のもとで完全な独習が可能と言うのでないかぎり、学びや教育的はたらきかけの過程には、他者との相互関係が入りこんでくる。そこで発揮される力をもっぱら個体能力の発露ととらえ、測定・評価できるのだろうか？

教育ＤＸ構想でも、デジタル化社会で活躍できるために必要な力として他者との「協働」にかかわる能力が想定されてはいる。たとえば、「プラットフォームを創造できる人材」に不可欠な能力として「多くの人を巻き込み引っ張っていくための社会的スキルとリーダーシップ」があげられている（「Society5.0に向けた人材育成」）。「他者と協働して思考・判断・表現を深める対話力等の社会的スキルなど、読み解き対話する力が決定的に重要」（同前）というのである。

対人関係にかかわるこれらの「能力」が、他者とかかわり合う経験を通じて培われる以上、「個別

「最適化」手法ではカバーできない教育領域が存在するということなのか。

そうではない。教育DX構想は、成長・社会化過程に本質的に組みこまれている〈かかわり合い〉領域に出現する力も、個体に帰属する能力へと還元しようとする。協働的な学びの意義に関する指摘はあっても、「協働」を成り立たせる〈かかわり合い〉次元そのものを把握する視点はない。

いわゆる「学力」だけでなく、社会性など対人関係にかかわる「能力」は非認知的能力のひとつに位置づけられる。非認知的能力の陶冶は、現在、産業界の要請を背景に、国際的にも、人材開発構想の焦点となっている。詳述できないが、ＰＩＳＡ型学力やキー・コンピテンシーへの注目には、この関心にそう能力把握の具体化という意図がある。つまり、社会的スキル等の非認知的能力を、各人の能力として測定したいという意図である。

日本での「対話的な学び」「協働的な学び」の提唱も、課題の立て方は同じだ。「対話的」「協働的」に振る舞える「能力」をどうすれば身につけさせることができるかという観点で、対話や協働のあり方を検証しようというのである。

「協働的な学び」での子ども同士の関係であれ、教師との「対話的な学び」であれ、学びの成立には他者の存在が欠かせない。そうした〈かかわり合い〉の場に現れる力を個人個人の能力に分解して測定することには大きな無理がある。社会的スキルとして各人の積極性を評価しようとしても、たとえば、シューカツの集団面接のような場面で、皆がこぞって「積極性」を発揮するならば、評価の信頼性は損なわれる。他の子どもが何も喋れず黙っている状況で一人積極的に振る舞う状態をどう評価できるかは難しい。要するに、互いの関係という「場」にひそむ特徴を捨象して社会性等々を個体能力に押しこめるのは乱暴なのである。

教育DX論は、その乱暴な操作を、データ駆動によって客観的に検証できる適切な手法であるかのように主張する。たとえば、以下のように。

「発話量や視線などのデータを自動的に収集することにより、協働学習中の子供の学ぶ姿勢や集中力等についてデータに基づく指導が可能となる。また、教師の指導内容について可視化することもできる」(「先端技術活用推進方策」)。

この例では、「学ぶ姿勢」や「集中力」は、発話量、視線等に関するセンスデータで測れることになっている。だが、うつむいて黙っているからといって「集中力」が低いと判断できないことは教師なら誰しも想像できるだろう。また、発話や視線の動向は、「協働学習」という場にはたらく相互関係のさまざまな要素に左右される。その場をしきるイニシアティヴの持ち手が他の子どもの発言(量)を縛っている等々。〈かかわり合い〉の場のそうしたメカニズムがわかるすべてのデータをそろえると言うのだろうか。

この例がもたらす「データに基づく指導」を単純に受けとると、「いかに発話を促すか」という指導目標を立てかねない。データにもとづくのではなく、データが評価する指標を指導の目標にするという錯誤・逆転が起きてしまうのだ。そうしないためには、たとえば、「発言しないこと」や「視線をそらしていること」についての、異なるアプローチ、意味づけが必要になる。黙って考えている状態をどのように判断の指標にできるかということだ。

さらに、協働学習という場にかかわるそうしたデータが整えられたとして、それを「指導」に活かすためには、「個別最適化」手法では、適切なアルゴリズムにもとづいて「この点を努力しよう」という課題呈示ができなければいけない。「適切な」とは、上述の例で言えば、「黙って考えている」子どもにとって有意義な積極性のかたちを具体的に示せるということである。「黙っていても積極的」とみなせる状況を、「個別最適化」手法がこのように具体化させることは困難である。そうである以上、「データにもとづく指導」は、期待されるデータ数値を向上させる「指導」に矮小化されかねない。

非認知的能力のみならず認知能力の次元でも、学ぶいとなみは、社会的・共同的な基盤に支えられている。個別化された認知過程の想定は、むしろ、後発的で特殊な状況想定である。そう考えると、〈かかわり合い〉の場に現れる力を個人の「能力」、スキルに押しこめる手法にはいかに無理があるか了解できよう。

④ランキングの浸透と自己責任イデオロギー

効果的な学びを促進するために活用されるデータの役割は、学習プログラムが適切につくられているかどうかの検証にある。子ども一人ひとりの特徴をつかむためのデータ駆動にしても、それぞれの特徴にそくした学習プログラムになっているかどうかの検証が目的のはずである。

「個別最適化」手法で利用されるデータの役割も、当然、そうでなければならない。「学力」評価が、教育活動にたいする評価ではなく、子どもたちの序列づけに用いられてしまうのにくらべ、「個別最適化」プログラムの提供に役立つデータ駆動は、多面的な評価軸をもつ個人別の評価ゆえに、序列づけを避けられるとの観測もありえよう。個人個人に適した学びの組織なのだから他者との比較など不要だというわけである。

しかし、一人ひとりにとって「最適」の学び方を提供するプログラムが子どもたちのランキングを排除する論理的根拠はない。それどころか、「個別最適化」プログラムの推進は、能力評価のより精緻なしくみを生み出すことにつながる。

個別最適化論は、「子ども達一人ひとりの個性や特徴、そして興味関心や学習の到達度も異なることを前提にして、各自にとって最適で自立的な学習機会を提供していく」「学びの自立化・個別最適化」によって「かけた時間を問わず、理解度・達成度を客観的に測定する「到達度主義」に基づく評価」が可能になるという(「「未来の教室」ビジョン」)。学習の到達度という評価が前提になっており、「到達度主義に基づく評価が可能になれば、各人が選ぶ学習方法はさらに多様になりうる」(同前)。つまり、評価できるシステムが前提になっているからこそ、そこにいたる過程の「多様性」が許されるということだ。

「個別最適化」プログラムの採用によって、それぞれの到達度の差は、「客観的な」裏づけをそなえた「能力差」とみなされるだろう。各人が「最適」の仕方で学んだにもかかわらず、結果として客観的に評価できる到達度に現れる差は、「能力差」の正確な指標とされるからだ。能力主義の先鋭化と言うべき事態である。

どの子にも必要な力を身につけてもらうことが到達課題とされる場合には、こうした到達度主義とは異なるアプローチが必要になる。誰もがそこに到達できるようにそれぞれの子どもに最適のやり方で学びを組織しなければならない。しかし、個別最適化論はそうではない。到達度の差を「能力差」として厳密に序列づける手法なのである。

前節で見たように、教育ＤＸ構想は、「能力」として個別に評価される範囲を拡大する。子どもたちの「多様な」能力を「個別最適化」プログラムを通じて開発するという。その結果生じるのは、たとえば、「コミュニケーションスキル」に関する「能力差」が緻密にランキングされるという具合に、子どもたちの示す多様な特性−力を「能力差」として可視化させる事態である。

この場合、どのような「能力差」が抽出されるかは一義的に決定されるわけではない。必要な「人材」として評価対象となる「能力」や、逆に、リスクとして評価対象となる「能力」が抽出される。そうした「社会的要請」（デジタル化社会の要請）に敏感に応えられるような能力配置図を整えることが教育ＤＸ構想の意図であり、「個別最適化」プログラムは、この目標を実現するための手段にほかならない。

個別最適化論における能力評価に関して、もう一点つけ加えておこう。一人ひとりの「最適」を発見するには、各種のデータにもとづく評価が必要だという点だ。すなわち、学びの始点で子ども一人ひとりの能力評価が下されている。この能力評価にもとづいて、期待できる能力向上（開発）を達成できそうな「最適」プログラムが提供される。

このステップは、プロファイリングによる行動予測および予測にもとづく動機づけ（選択アーキテクチャーの構築）というターゲティング手法と同じメカニズムである。目的とする到達点に向かって期待できる行動を促す動機づけの諸手法を用いる。このプロセス全体が、個人個人についてのプロファイリング（データ集積にもとづく個人の特性評価）抜きには成立しえない。そして、プロファイリングは、即、その時点での能力評価につながる。その意味で、個人データの収集＝能力評価と言ってよい。

Ｊｅｐにたいする高校生の戸惑いと不安は、収集されたデータが評価に直結しうることへの正当な危惧であった。同様に、ある子どものプロファイリングは、それが詳しければ詳しいほど、濃密な能力評価に「客観的な」（異議を唱えられない）正当性を与えることになる。

「個別最適化」プログラムは、こうして、子ども一人ひとりについて始点での能力評価、到達点での能力評価を「緻密」に行う。子どもの学習過程全体にわたって能力評価がつらぬかれ、能力評価のサイクルがつくられる。「興味関心」や「個性」に応じた学びの実現という宣伝文句とは裏腹に、隙がなく終わりのない能力評価のサイクルに子どもたちを投げこむ。能力主義競争の自動化と言うべき事態である。

この項の最後に、「個別最適化」プログラムにもとづく学びの推進が自己責任イデオロギーを強化してしまうことに触れよう。

「個別最適化」プログラムが予想した成果をあげられない場合、その理由は何か。

個別最適化論に立てば、能力評価の欠陥（データ不足）[*12]、その子どもにとって「最適」のプログラムを子どもが選択しない（忌避する、逸脱する等）、といった理由が想定されるだろう。前者については、能力評価をより徹底する対策がとられるだろう。

後者では、「有効な（はずと前提された）支援」を活かすことのできない本人の「欠陥」に焦点があてられるだろう。この「欠陥」は、「最適な」かたちで提供される支援を活かすことのできない個人の側が甘受すべきものとみなされる。「どうすればいいか、その方法についてつたえたよね。それをしなかったためにできなかったのだから、そうなった原因はあなた自身の問題だとわかるはず」というわけである。

これは、「自分で選んだ結果なのだから仕方ない」と「能力不足」を自己責任として受容させる巧妙な手法にほかならない。

⑤主体的な学びというフィクション

「個別最適化」プログラムは、それにそって学ぶ子どもに期待できる能力の開発をめざす。子ども一人ひとりの興味・関心を惹きつけるようつくられたプログラムだから、そこでの学びは自主的で主体的なはずだとされる。

「主体的な学び」の推進は、「対話的な学び」とともに、現行学習指導要領の中心的な目標とされている。詳述はできないが、この目標を実現するためにアクティブ・ラーニングの実行が教育現場に求められ、ＰＤＣＡサイクルにもとづく「カリキュラム・マネジメント」によって教育課程をコントロール（管理）する政策[*13]が進められてきた。

教育課程のこうした統制は、一つひとつの学習課題に関する評価だけでなく、「学び方」をもＰＤＣＡサイクルにそった評価に組み入れる結果、「主体的」や「対話的」の内容と矛盾する「学び方」を子どもたちに強いかねない。どのように、どれだけ「主体的」「対話的」であったかを評価対象にするから、そこで高い評価を得られるような振る舞い方を子どもは身につけようとする。つまり、主体性や対話的な姿勢の偽装スキルをみがく。これが、「主体的であること」、「対話的であること」とは縁遠い結果を導くのは明らかだろう。

姿勢や態度、意欲といった情動的要素を「測定」して評価対象に据えることは、こうした危険性をつねにはらんでいる。だからこそ、意欲や態度等の、子どもの内面性にかかわる領域を評価するさいには、教育的いとなみの特質を踏まえた慎重な検討と検証が求められる。学級活動といった教科外活動までもＰＤＣＡサイクルに乗る評価の枠内に押しこむ手法は、そうした検討も検証も無視する乱暴なやり方と言うほかない。

「個別最適化」プログラムにもとづく学びの組織は、主体的・対話的学びに関する前述のようなフィクションをいっそう強化するだろう。子どもがどのように学んでいるかデータによって「客観的」

に把握できるとの前提に立つ個別最適化論では、主体性や対話的な姿勢の偽装など起こりえないはずだからだ。すでに述べたように、個別最適化論は、データ駆動で把握できない意識の存在を認めない。データにもとづく動機づけが予測した結果をどれだけ実現したか、その精度を高めることだけが追求されるのである。どれだけ「主体的」か、「対話的」かも、このループ内で評価され続けるのであり、データ駆動が行えさえすれば、「主体的に見せかける意識」の介入などありえないというわけである。

しかし、対話的であることはもちろん、主体的であることも、③項で述べたように、個体能力に還元できない性格をもっている。それゆえ、主体性や対話的態度に関するデータ駆動を積み重ねても、他者とのかかわり合い次元に関する検討抜きには、主体性や対話的態度の状況依存的な核心をとらえることはできない。

たとえば、委員会活動や部活、友人関係のあしらい方等々での「コミュニケーション能力」、神対応の「技」を対話的態度に関する能力と考え、その能力の諸要素を測定する（できる）としよう。コミュニケーションにさいして現れる力を個体能力としていったんモデル化（モジュール化）してしまえば、その「コミュニケーション能力」を身につけるようどれだけ努力しているかが「対話的態度」に関する評価ループに組みこまれてゆく。

この評価ループから各人が主体的に逃れることはできない。右の例で言えば、「コミュニケーション能力」の高低を示す指標に従ってモデル化された「コミュニケーション能力」への到達度が評価されるしかない。そうしたモデル化から自覚的に外れようとする主体性は、この評価ループの枠内では、モデル化された「主体性」指標にもとづいて、「主体性」の欠如ないし低さとしてカウントされる。[*14]

主体性や社会性にかかわる力が個体能力の枠内でモデル化されると、そうしたモデルに従って「いかに自分をつくり変えられるか」という課題が必然的に生まれる。主体的であることも対話的であることも、そうなるよう自己をつくり変える努力の問題として位置づけられ内面化される。敷衍《ふえん》するなら、人格の陶冶がモデル化された人格に近づく適応へと矮小化されるのである。

こうした事態は、実は、学校内外の子ども同士の関係（子どもたちの社会）で広く出現している。陽キャと陰キャといったキャラ立てのメカニズムはこの様相をつたえるものだ。子どもたちの関係が事実上（デ・ファクト）つくり出す人格モデルを踏まえ、それぞれが、自分にふさわしい（と判定され自覚させられる）モデルへの適応をめざすのである。

もちろん、教育関係の域内でかたちづくられる個体能力のモデル化は、子ども同士が生み出すモデルと、内容においても作用においても異なる。両者があらかじめ整合性をもつわけではなく、互いに排斥し合う場合もある。学校教育上での「主体性がある」という評価とはかけ離れた、「あいつは自分というものを持っている」という子ども社会の評価がある等々。

しかしまた、両者が交錯することで、「自己のつくり変え」への強迫がいっそう強まることもある。コミュニケーション能力の有無に関する子ども社会の評価──「明るい」「話がおもしろい」「話題をリードできる」といったプラス評価と、「コミュ障」とイメージされるマイナス評価──は、学校教育におけるコミュニケーション能力の評価と重なり合う。この場合には、コミュニケーション・スキルをみがく努力を自分に課す（「コミュニケーションがとれる人間だと認められなくては」）圧力が子どもの生活全体にかけられるのである。

社会的・共同的な次元（他者の存在が不可欠な次元）をモデル化された個体能力に組みこむ「個別最適化」プログラムは、「本気を出して自分をつくり変える努力」の可視化を迫るから、強迫観念に囚われる危険がさらに拡大しかねない。つくり変えの努力が検証されなければ、「自分を変えようとしない怠惰」の自認を迫られるのである。どこまでも「自己のつくり変え」にまい進させるポジティヴ全体主義を受容するか、「向上の余地がないダメな自分」という自己規定を受忍するかの、不条理な二者択一が、「客観的」評価にもとづいて迫られる。

3　教育ＤＸ幻想の現実的効果

教育格差を正当化する「データ駆動」

学び方の変化、ＩＣＴの活用による学習方法の改善という、さして反対を受けそうにない教育ＤＸは、見てきたように、公教育のこれまでの考え方、あり方に巨大な変更を加えようとしている。また、公教育体制の転換という制度的側面だけでなく、「個別最適化」プログラムの導入を通じて、能力主義の徹底が図られるであろうことも見てきた。ＧＩＧＡスクール構想という教育ＤＸの入り口をとらえて、道具としてのＩＴの利用拡大を見るだけでは足りないのである。

学び方・つたえ方に関する豊富なデータを教育現場それぞれの状況と必要に応じて利用することはもちろん有益である。スマホを用いて学習に有用なネット情報や興味・関心に応じたコンテンツにアクセスする子どもたちは、いまやめずらしくない。すでに述べたように、学校教育体制の外側で、いわば、勝手に（主体的に）学ぶ状況が進行している。

けれども、こうした学びの拡大は、同時に、経済力や文化資本の多寡に応じた教育格差の拡大でもある。公教育の外側に広がる学習機会へのアクセスは、子育て家庭の経済格差を露骨に反映する。無償のはずの義務教育でさえ、「ラン活」（希望するランドセルを入学時までに確実に入手するための競争）に象徴される無視できない教育費用負担があるなかで、「自由に」学べる民間の教育事業に、実質的な参入障壁が設けられていることは誰しも認めるだろう。経済的困難を抱えた子どもたちへの民間の学習支援が広がってきたことも、教育格差、生活格差のこの深刻な実態を裏づけるものだ。

コロナ禍の２年半はそうした格差をさらに拡大させた。対人接触を避けねばならないという感染対策に特有の事情に迫られたオンライン教育の拡大は、すでに進行していた家庭のＩＴ環境格差をさらに深刻化させたのである。*15 ＧＩＧＡスクール構想にたいし、家庭ごとの環境を無視して推進できるのかという危惧が出されるのは当然だろう。

残念ながら、教育ＤＸ構想には、こうした危惧を解消できる説得力ある検討は見られない。データ駆動のいわば自由化をステップとして、「教育の個人化」＝能力主義秩序の徹底が進められようとしている。その結果、緻密な評価システムによって正当化される教育格差の拡大・固定化が進行するにちがいない。

「個別最適化」アプローチをとることですべての子どもに自由で創造的な学びを実現できるかどうかは疑わしい。AIの助けを借りての学習最適化（タスク達成型学習）が効果を発揮する範囲は限定的であり、教師との個別的で具体的な〈かかわり合い〉抜きに「最適化」を果たすことは難しい。つまり、状況依存的な〈場〉のポテンシャルをどう活かせるかが、子ども一人ひとりの学びの行方を左右する。

そうした視点に立つなら、学び方、つたえ方における〈かかわり合い〉の豊富化こそが求められるだろう。豊富化とは、教育環境の豊かさを平等に保障すること、少人数教育と学ぶ自由・つたえる自由の保障、評価ループによる〈かかわり合い〉の統制を行わないことなどである。

教育DX構想はこれとは逆の方向に進もうとしている。来るべきデジタル化社会で活躍できる人材の育成が急務だと言うが、本章で検討した「個別最適化」プログラムによってこの課題が果たせるとは思われない。教育DX構想が期待する創造的人材は、資力に支えられた環境を利用して自前の能力開発を行える者を潜在的対象にしており、教育DXがなしうるのは、そうした「人材候補」が、既存の教育観（教育の公共性等々）に邪魔されず能力を伸ばせる体制の保障であろう。「個別最適化」プログラムを彼ら彼女らにあらためて提供する必要性は薄いのである。

「個別最適化」プログラムの実質的効果は、エリート育成の推進よりも、「個人別教育」による自由の拡大という見せかけを利用しての、能力序列の徹底にあるのではないか。異議を唱えられない「明確な根拠」（エヴィデンス）にもとづいて一人ひとりの「能力」が個別にきめ細かく判定され、そうした個体能力の社会的配置図が形成される。能力主義秩序の徹底だ。この秩序は教育・学習環境や成果にたいする処遇と密接に結びつくよう設計されているから、一人ひとりに「最適」のプログラム遂行が、不断に能力主義秩序を強化する推進力になってゆく。

重要なことは、「個別最適化」プログラムを推進力とする能力主義秩序のかたち、現れ方が従来の能力主義競争イメージとは異なる点である。

興味あることに自由にとりくめばよい、できる子どもはその力を好きなだけ伸ばせばよい、公教育と民間・営利教育の区別を取り払ってかまわない、自分をみがきたい（自前の能力開発）と思う子どもへの教育資源投入が大切だ……各人がそれぞれに「最適」な学びをという、これらの提唱[*16]には、「他者との競争に勝て、負けてはならない」という、弱肉強食型の競争主義メッセージは盛りこまれていない。そうしたメッセージによる正当化を行わなくても、「好きなことの自由な追求」（という形式）によって個別的に身につけた「能力」は能力主義秩序内にスムーズに位置づけられるからである。しかも、自ら自由に選択した結果が評価されるのだから、これに異議を申し立てることはできず、能力評価にもとづく扱いを甘受しなければならない。自己責任イデオロギーが内面化させられるということだ。

データ駆動の環境づくりが進められている現時点では、「個別最適化」の教育ループに取りこまれた教育像を具体的に想像するのは難しいかもしれない。デジタル化社会(政府・財界の未来社会像)での処遇につながる能力主義秩序についても、「能力開発」のプロセスにまで踏みこんだイメージはもちにくい。個別最適化論にたいし、「学力一辺倒ではなく子ども一人ひとりの多様な能力をていねいにつかんでくれるならよいではないか」との肯定的評価が寄せられる一因である。

「個別最適化」プログラムにもとづく教育であっても、子どもと教師がかかわり合う教育関係のかたちが維持されるかぎり、各種のデータを利用する教師、子どもそれぞれの主体性は失われない——少なくとも当面はそう考えてよいという観測も、そうしたイメージから生じよう。

しかし、個別最適化論が構想するデータ駆動の現実的帰結はこの観測の先をゆくと考えられる。「個別最適化」プログラムは、証拠となるデータ(A)にもとづいて行った〈つたえる–学ぶ〉関係の結果(何ができるようになったか・できなかったか)を「客観的」な(測定によってデータ化できる)証拠(B)によって検証するように求める。ある課題について子どもがどれだけ頑張ったかは、A、Bのデータに反映されていなければならない。これが、「個別最適化」プログラムにおけるデータ駆動の意味だ。

この手法では、「成果は想定された水準に達しなかったけれど、苦手だった課題を少し楽しめたようだ」等々の「付帯的な」観察は、データに反映されず、「主観的」、「非科学的」とみなされる。

子どもたちのさまざまな学び方に現れる特質について、従来は、それをよく把握している教師のコメント、所見等で報告されてきた。そうした観察のリアリティや適切性が、どう検討され継承されるか、共有されるかは、教育過程の検証に不可欠であり、「主観的」、「非科学的」と一律に無視すべきものではない。〈つたえる－学ぶ〉関係の現場をとらえる試みが「付帯的」とみなされてしまうデータ駆動こそが倒錯的と言うべきである。

こうしたデータ駆動が前提にされると、子どもの長所や可能性を伸ばしたいと考える教師は、成果を現すデータに反映できるような部分を子どもの活動から抽出しようと努力するだろう。学習成果についてであれば、たとえば、成績だけでなく成績の伸び率を達成指標に加えたい、学習の持続性と成績との相関を指標にしたい……と、測定指標の拡大・緻密化を求める。より子どもの実態を反映する指標を望むのは当然だからだ。

ところが、そうなれば、指導の重心は、「エヴィデンス」として確定できる指標向上の優先に傾かざるをえない。測定指標では示せないけれど、ある状況、ある場で子どもが見せる無視できないすがた、力を受けとめる努力は、ここでは、非効率と評価されてしまうのだから。

学習・教育データの提携を理由とするデータの標準化は、データ駆動による教育過程のこうした変質をさらに加速させ拡大させるにちがいない。主観的意見として斥けられる観察と測定指標にもとづく評価との距離がますます広がり、データ駆動の進展につれ、そうした観察、実態把握の試み自体が減少してゆくだろう。

子どもが自らデータを記入する場合にも同様の事態が生じる。成果として示せる指標以外の活動について「付帯」事項としてつけ加えることができたとしても、それをデータ駆動のシステム内に組み入れることはできない。
証拠となるデータにもとづく一人ひとりの評価が、現実的意味をもつ何らかの報酬ないしペナルティに結びつけられる場合には、以上のような倒錯的状況はよりいっそう顕著になるだろう。各人の有利・不利、優位・劣位を左右する指標とその重みづけに学習・教育活動の焦点があてられるのは当然であり、測定の妥当性や通用範囲をめぐる潜在的な競争状況が生まれる。より適切な測定とこれにもとづく評価を求める努力は、この競争状況に規定されるかぎり、データ駆動のいっそうの推進を促すことになる。[*17]
たとえば、インターンシップ経験がどのような測定指標にもとづいて評価されるかは、就職選考にさいしての重要な関心事である。緻密で標準化された指標が開発されればされるほど、その指標にもとづく達成度を最大化するための潜在的競争が熾烈になるだろう。「自分に合ったインターンシップ経験を積む」という形式のもとであっても、そうならざるをえない。[*18]

「個別最適化」プログラムとゼロトレランス方式の親和性

意外に思われることだが、「個別最適化」プログラムの推進といわゆるゼロトレランス方式とは親和的な関係にある。個別最適化論が「誰一人取り残さない」と謳っているにもかかわらず、そうした親和性が存在すると述べるのは以下の理由からだ。[*19]
「忘れ物をしない」という学校生活上での規範（学校という社会における統治課題とも言える）が「忘れ

物を防ぐ」ための教育的課題として検討される場合を例に考えよう。クラスごとの忘れ物回数を集計し、毎月発表して最下位クラスにペナルティを与えるという手法がある。ＰＤＣＡサイクルを取り入れた規律訓練型の「教育」手法だ。きわめて反教育的な手法だが、これに類する手法は、学校教育の広い範囲に及んでいる。

特定のクラスの特定の子どもにいつも忘れ物が多く、そのクラスはペナルティを受け続けるとしよう。当然ながら、この手法にたいして「なぜ忘れ物の多い特定の人間のせいで自分（たち）も罰を受けるのか」という疑問が生まれる。忘れ物が多い子どもへの非難や敵視を醸成することにもなる。そうした相互監視と萎縮効果を教育的とみなすのであればともかく、これらの反応は、立てた課題の遂行を歪めると言うべきである。

「個別最適化」手法はこのような方策をとらない。登校前チェック等々、忘れ物の多い特定の子どもにたいする指導を通じて忘れ物回数を減らそうと試みるだろう。クラスへのペナルティもなくなるから、忘れ物をしない子どもは規律訓練型「教育」の理不尽な扱いから解放され、「忘れ物」問題は解決する。

あらかじめ「個別最適化」手法がとられていれば、そもそも、「忘れ物」問題は個人レベルの課題になっていたはずであり、規律訓練型「統治」への不満や疑問も生じないはずだ。

こう考えるなら、「個別最適化」手法の優越性は明らかのように見えるし、規律を押しつけ違反者をきびしく罰するゼロトレランス方式とは対極に位置するように見える。

たしかに、忘れ物という「落ち度」をほかの子どもから非難される状況が避けられそうだという点で、当の子どもにとって救いがあると思われるかもしれない。だが、自分だけに加えられるチェックや監視は、それらが一斉に行われる規律訓練型手法よりも濃密なだけに、かえってフラストレーションを強めるかもしれない。

とりわけ、忘れ物の多さがほかの事情にかかわっている場合、こうした「個別最適化」手法が逃げ場のない状況を生み出しかねない。家庭の経済事情や生活困難によるゆとりのなさが忘れ物の背景にあるとしよう。忘れ物はせっぱ詰まった生活困難の一部にすぎず、そこだけを見て「忘れ物をさせない」という課題を立てても、その達成はおぼつかない。「個別最適化」手法にもとづく「ていねいな」指導は、この場合、自分が抱えている困難のなかで「忘れ物」問題にどの程度の位置づけを与えるのか判断を迫ることになる。いくら指導しても忘れ物が減らないという結果は、この課題にたいする子どもの側からのそうした評価を意味する。

生活困難の軽減にまで立ち入る「忘れ物」問題の解決が学校教育の枠内で望めないとすれば、そもそも、「忘れ物を防ぐ」という課題設定の妥当性が問われるべきだろう。「規律訓練型」の手法では、子どもそれぞれの事情が（スティグマをともないながら）[*20]浮き彫りにされることで、そうした妥当性を問う場面も、同時に出現する。つまり、「忘れ物」問題の受けとめ方を協同して考える状況が露わになるということだ。

「個別最適化」手法の場合には、これと対照的に、学習活動をふくむ学校生活上に現れる「問題」行動を個人の問題として特定し、対処する。そして、「問題」は、そのように個人化されることで、「問題のない」活動から切り離される。これは、問題があるとみなされた子どもは別室に移して指導する手法と、本質的には同種と言えるだろう。心理的な空間にあっては、「忘れ物の多い子」「宿題をやって来ない子」……といった問題は、どれも、多数派の「普通の」子どもたちとは無縁のことと感じられるにちがいない。

「誰一人取り残さない」というスローガンが意味するのは、問題を抱えた子どもには、そうでない子どもとは別に「適切な」対処を行うということであり、つまるところ、問題が出てきたら個別に対処することで解決を図り、「社会問題」にはしないということである。このロジックは、問題を起こす子どもの責任を問い処遇するゼロトレランスの考え方と親和的なのである。

学校生活上に現れる「問題」行動への対処が、おもに規律訓練型の手法をとっている現実があるから、できそうなことを呈示する「個別最適化」プログラムは、対象となる子どもに自由な選択の余地を保障すると受けとられる。しかし、見てきたように、呈示される課題は、「問題」を個人化することによって、責任の所在もまたもっぱら個人の次元へと矮小化する。問題解決のためにできそうな行動をとれるかどうかは自己責任なのである。自由な選択の余地をつくることが自己責任イデオロギーを受容させる径路[*21]になるのであり、その意味で、個別最適化論は新自由主義的な陶冶の一様式にほかならない。

〔注〕

＊1　ただし、これらの文書では、個性と適性等、カテゴリーとして意味の異なる言葉が使用されており、提唱者自身が個別最適化という手法の本質をどれだけ理解しているか疑われる。

＊2　こうしたデータ収集の試みはすでに行われている。ベネッセが主導した「JAPAN e-Portfolio（ＪｅＰ）」がそれで、「生徒が学校や自宅でパソコンやタブレット、スマートフォンを使い、授業や学校行事、部活動、課外活動、資格・検定等の実績や成果、学びの振り返りをＪｅＰに記録する」（ベネッセホールディングスＢｅｔｗｅｅｎ、２０１８年2月5日）というもの。

＊3　教育ＤＸ構想でもこの点は無視できず、以下のような指摘がある。

「国は、全国の学校・自治体に係る教育データの収集・分析や大学・研究機関等への貸与等を行う、公的な教育データプラットフォームの在り方を検討する。また、公教育に係るデータだけではなく、学校外の学習データや生活データなどを含め、分野横断的に個人が自身の様々なデータを集約し、管理・活用できる仕組みを検討する」（「教育再生実行会議第12次提言」２０２１年6月、以下「第12次提言」）。

「データ連携における新たな価値と必要となる機能の分析を行った上で、全体像の中で「学習ｅポータル」「学外デジタル教育プラットフォーム」「公教育データ・プラットフォーム」等の各施策を位置付け」（デジタル庁・総務省・文科省・経産省「教育データ利活用ロードマップ」２０２２年1月、以下「ロードマップ」）。

センシティヴデータをふくむスタディ・ログの管理権限は学習者本人ないし保護者に帰属するので、第三者が扱う場合には学習者（保護者）の許可が必要との議論も出されているようだが（第9回「未来の教室」とEdTech研究会「第2次提言に向けた意見」資料5-6、２０１９年5月）、そこでの許可（アクセス権の付与）は、利用のたびごとに許可を得るようなかたちではありえないだろう。「教育データを利活用して、児童生徒個々人のふるい分けを行ったり、信条や価値観等のうち本人が外部に表出することを望まない内面の部分を可視化することがないようにする」（「ロードマップ」）と注記されていても、改正個人情報保護法の規定だけでは、つたえられない権利が保障できるとは思われない。

＊4　「その特性ゆえに、幼児行動や教師の指導の効果等が把握しづらい側面がある。このため、これらを可視化し、指導の支援に役立てるという観点、あるいは教師の負担軽減の観点から、Society 5.0時代の先端技術を活用することが考えられる。例えば、ＩＣＴの活用などを通じて、園内の環境及び幼児行動、それに応じた教員の働きかけ等を総合的・多角的に捕捉し、経験則として継承・蓄積されてきた指導の技術の可視化を図ること等によって、幼児の豊かな行動を引き出す環境の構築や幼児教育の担い手による適切な指導を支援し、またその業務の負担軽減を図ることが考えられる。その際、幼児の教育は遊びや具体的な経験を通じて行われるという幼児教育の基本は今後も大切にされなければならないことは論を俟たないが、併せて幼児期の教育における科学技術の活用可能性に関する関係者の意識改革も重要となる」(「Society5.0に向けた人材育成」)。

幼児教育の基本は大切と述べながら、デジタル化を受け入れる「意識改革」を求めている点、過重労働の負担を軽減できるという誘い水の理由づけがなされている点に注意したい。現行保育指針に唐突に持ちこまれた「幼児期の終わりまでに育ってほしい姿」を到達目標とし、幼保小の接続を具体化するカリキュラム開発、教育手法の改革(「架け橋プログラム」)は、この意識改革を上から強行する地ならしと言える。「架け橋プログラム」採択の18自治体には、先述の箕面市などがふくまれている。

＊5　「修業」という言葉が指している経験的に獲得され伝承される特定の技能習得はそうした理念と異なるように映るが、状況や特性に応じる部分が必ずしも排除されているわけではない。

＊6　いわゆる個性化教育が各人の個性を発揮させようと強要する強迫的な要素を帯びてしまうのは、この点の無理解によるだろう。「個性を発揮せよ」という呼びかけは、「自分にはわからない何かを見せなさい」という拷問に等しい。

＊7　「行動の科学的分析を進めるために、パーソナリティ、心の状態、性格の特徴、計画、目的、意図、その他自律的人間の専有物がそもそも何であるか発見しようと試みる必要はない」(B.F.Skinner, *Beyond*

Freedom and Dignity, A Bantem/Vintage Book, 1971, pp.12-13)。

＊8　逸木裕『少女は夜を綴らない』角川書店、2017年。現代日本の子ども・若者を取り上げるフィクション作品に頻出するこうした態度・心情は生きづらい現実の反映と言える。

＊9　ただし、「できること」は、基本的には、商品価値をそなえていなければならない。何もせず何時間でもボォーッとしていられる力は「できること」にカウントされないだろう。とはいえ、「できること」への注目が自分をまるごと否定する状況の転換になることはある。引きこもり者への支援で、できたことに注意を向けてもらうこと等々。その場合の「できること」には商品価値や社会的有用性といった条件はつかない。

＊10　「格差は今後さらに拡大する」61・6％、「縮小する」4％（日本財団「18歳意識調査第23回——格差社会」2020年3月30日）。格差拡大の原因については、「低賃金のサービス労働の拡大」（37・1％）が最多。次いで「政府の経済政策」（35・6％）、「個人の財産・資質の問題」（35・0％）となっている。

＊11　バーバラ・エーレンライク『ポジティブ病の国、アメリカ』（中島由華訳、河出書房新社、2010年）は、米国社会でのポジティヴ全体主義の様相を描いている。

＊12　ただし、データを出さない（出せない）ことは評価システムの欠陥ではなく、本人の「欠陥」とみなされる。たとえば、部活動の実績データがない、趣味の学外活動についてのデータが不足している等々。経済的困難による「実績」の欠如がデータ不足の原因だと言うなら、経済的困窮度のデータがなければならない。

＊13　「子供たちの姿や地域の現状等に関する調査や各種データ等に基づき、教育課程を編成し、実施し、評価して改善を図る一連のPDCAサイクルを確立する」（中教審答申、2016年12月）。

＊14　データ駆動にさいして子どもの内面に介入する評価は避けるという留保がなされていても、この結果は変わらないだろう。「教育データを利活用して、児童生徒個々人のふるい分けを行ったり、信条や価値観等のうち本人が外部に表出することを望まない内面の部分を可視化することがないようにする」（「ロード

マップ」）という留保は、センシングデータなどによる人間行動や意識状態の可視化を禁じるものではない。そもそも、個別最適化論は内面の存在を理論的に前提としていないから、内面に踏み入らないと述べることはいくらでもできる。教育データの利活用による子どもの「ふるい分け」をしないという言明も曖昧だ。「ふるい分け」の意味が不明確なことに加え、アルゴリズムにもとづく「個別最適化」プログラムの評価ループが「ふるい分け」機能を果たしうることについても言及がない。

＊15　多喜弘文・松岡亮二「新型コロナ禍におけるオンライン教育と機会の不平等」2020年9月19日プレスリリース。

＊16　浅野大介『教育ＤＸで「未来の教室」をつくろう――ＧＩＧＡスクール構想で「学校」は生まれ変われるか』学陽書房、2021年、参照。経産省の「未来の教室」プロジェクトを主導する同氏の提唱が魅力的に映るのは、「個別最適」を徹底した学習過程が、いまの学校には欠けている「一人ひとりの学びの自由」を実現できそうに感じられるからだろう。「誰もがそれぞれ満足できる学校」に変えてしまえば教育体制をあげつらう議論など吹き飛ばせるというわけである。
　デジタル化という新たなツールを用いたこの議論には、新自由主義的な教育自由化のロジックがつらぬかれている。グローバル人材の開発には教育改革が不可欠という主張は、１９８０年代から繰り返されてきた新自由主義教育改革の系譜上に位置する。広い意味での教育産業の拡大や公教育体制の弱体化と教育格差の進行等により、教育的いとなみを徹底して私事化することへの障害は以前よりも薄れている。この種の議論が違和感なく受けとられる背景には、90年代末から進んだ新自由主義構造改革とこれがもたらした意識変化とがある。

＊17　測定にもとづくエヴィデンスの追求がもたらすこれらの倒錯について、ジェリー・Ｚ・ミュラー『測りすぎ――なぜパフォーマンス評価は失敗するのか？』（松本裕訳、みすず書房、２０１９年）参照。

＊18　インターンシップ経験の不平等な現実がこの形式（「個別最適」な選択という）によって隠蔽されることに注意すべきである。不平等な現実とは、インターンシップへのアクセス機会に個人間、大学間等の格差

があり、この格差が各人の経済的・社会的背景と密接に関係していることを指す。こうした不平等な現実がインターンシップ経験の測定指標に組みこまれることはない。

＊19　「先端技術活用推進方策」に、「公正に個別最適化された学び～誰一人取り残すことなく子供の力を最大限引き出す学び～」とある。以下の記述も参照。

「グローバル化・情報化の進展や子供の貧困、地域間格差の拡大が、子供たちの学びに格差を生むことがないようにしなければならない。とりわけ、貧困を背景とする学力の格差は小学校中学年頃を境に開き、固定化していく（貧困の連鎖）とも言われる中、早期からの対応が不可欠である。また、いじめ・不登校等の生徒指導面の課題により、優れた能力や高い学習意欲を持ちながらも、必要な学びを得られない子供、言語等のハンディキャップを抱えている外国籍の子供や障害のある子供の存在も忘れてはならない。経済格差や情報格差等が拡大し弱者を生むことがないよう、子供一人一人の個別のニーズに丁寧に対応し、すべての子供がSociety 5.0時代に求められる基礎的な力を確実に習得できるようにすることが引き続き重要となる」（「Society5.0に向けた人材育成」）。

これらは、「骨太の方針２０２１」での「誰一人として取り残さない包摂的な社会」というスローガンの教育版と言える（「様々なセーフティネットを強化し、格差の拡大・固定化を防ぐとともに、誰一人として取り残さない包摂的な社会を構築する。正規・非正規という働き方の区分をなくし、誰もがいつでも何度でも学び直しと新たな挑戦ができるようにすることにより、社会全体で雇用の安定化を図る。ＮＰＯ等の役割が大きく拡大し地方自治体との連携が進むことにより、共助・公助の担い手が多様化し、生活困窮者や孤独・孤立状態にある方などに対し、一人ひとりに寄り添ったきめ細かなサービスを提供する。デジタルデバイドを解消するとともに、デジタルの徹底活用により、困っている方々にプッシュ型でそれぞれの事情に合った支援をタイムリーに提供する」）。

＊20　同種の問題は学校生活上に数多く存在する。修学旅行の、部活の、ランドセルの……費用が出せないといった経済事情から、ＩＴ環境がない等々の学習課題と密接にかかわる困難まで、教育活動にとって無視

できない問題が広がっている。それらの問題を教育上の課題として受けとめ、学校という社会（協同社会）でできることを追求するとりくみも存在する。

＊21　薬物使用者へのハームリダクション（薬物使用の抑止よりも、薬物使用による被害の軽減を図る対策）が新自由主義的特質をもつことへの以下の指摘は、「個別最適化」アプローチの本質をも衝いている。「薬物使用者は、「安全な注射」に関連する適切な資源・情報を活用してリスクを回避していくことができる／べきである、と想定されており、その意味でリスク回避的薬物使用を奉ずる慎慮的主体として「責任化」されている」「ハームリダクションに見出される善意のテクノロジーは、処罰的手段を置換するのでは全くなく、「健康な自己変容」のための新たな機会を享受することができないか、享受しようとしない（いまだ多数に上る）薬物使用者に対して向けられる抑圧的手段の維持、もしくは増加すらも実際に可能にし、正統化する」（平井秀幸「ハームリダクションのダークサイドに関する社会学的考察・序説」熊谷晋一郎編『当事者研究と専門知』金剛出版、２０１８年）。

鼎談1　新自由主義改革は教育の何を変えようとしているのか？

世取山洋介・中西新太郎・谷口　聡

世取山――このパートでは、「いま進められている教育改革によって、教育の何がどう変わるのか」という点について、議論をしていきたいと思います。

まず、私の個人的な経験からお話しします。私が、「できるようになる教育」について最初に認識したのは2017年頃のことです。大学で、アドミッション・ポリシーとカリキュラム・ポリシー、そしてディプロマ・ポリシーを学部ごとにつくれという提起を受けました。

ディプロマ・ポリシーとは、各大学が定める「卒業認定・学位授与の方針」です。中学校や高校とは異なり、大学では卒業するさいに「学士」という学位が与えられますが、それについて、大学がどのような教育内容をどのような方法で実施し、学修成果をどのように評価するのかを具体的に示したものです。

そのときの会議で大学から出てきた指示は、「ある知識を獲得すると、あるテクニックがその人のなかに生まれる。そういう知識とテクニックをもつと、ある態度が生まれる。それを何ができるようになるのか、という観点からまとめなさい」というものでした。

「こういうものが、ありうるのか？」「いったい何を根拠にこんなことを言っているのか？」と、非常に疑問に思った私は、全学の会議に出て、「ある知識をもつとあるテクニックをもつ。そうするとある態度が生まれる。それはいったいどこの話なんですか？」と聞いてみました。納得できる応答がないので、会議のたびに同じ質問をして、結局ものすごく嫌われたのですが、ただ答えはないのです。とにかく「そうしろ！」というのが、上から出てきた話でした。

「何ができるようになるか」という観点から、すべてを評価することが大学で始まり、しかも大学人が多くの場合、まったくそれに疑問をもたずに、淡々と書類づくりに走ったというのが全国的な状況でした。

私は、衝撃を受けました。つまり、「人間がわかることとか、できるようになることが、こんなに単純に言えるのか。新自由主義とはここまで教育に手を突っ込むのか」と思ったのです。そして、自分の新自由主義的理解がどうも十分ではないということに、そのときにはたと思いいたりました。そうこうしているうちに、学習指導要領の改訂において、「何ができるようになるか――育成を目指す資質・能力」がひとつのキーになっていたことがわかったのです。

単に競争的秩序を上からつくるということではなくて、ある種の人格を上からつくりあげるという要素も新自由主義がもっていることを、正面から考えなければいけないと思うようになりました。

以上は私の個人的な経験によるものですが、「何が変わるのか」ということにかかわって、まず谷口さんにうかがいたいのですが、ある特定の産業政策や人材開発政策があって、それによって教育政策が変わっていくことは１９６０年代からあった話ですが、谷口さんが焦点をあてている２０１０年代後半以降は、そういった60年代の議論や政策とどうちがうのか？　何が新しいのか？　その点について、話していただけますか？

谷口——まず、いま進められている教育政策は経産省が主導しているということがあります。より本質的なちがいは、たしかに60年代も産業政策が教育政策に入ってきていたのですが、その当時の時代状況は、冷戦構造のなかでいかに重化学工業化を進めて国際的な競争力をつけるかというものでした。このときに政財界が改革の対象として重視していたのは高校教育でした。「科学技術のにない手としての研究者や技能者をどう育成するか」ということが、主だったと思います。それにたいしていまの政策の特徴は、中西さんが指摘されている「変容する環境に適応する主体形成」（第２章）に通じています。

現在の産業は、サービス産業が中心になっていて、たとえば自動車産業がモビリティサービスに変容しているように、製造業のサービス産業化が進んでいます。加えて、公共サービスである教育、医療、介護等についても産業化が図られています。そして、どういう産業が主流になって成長するかについては、流動的で変化が早いという想定になっていて、それに臨機応変に対応していく人間を育てようとしているのだと思います。

そのため、産業構造の変化に臨機応変に対応していく人間を育成するさい、どういう知識・技術を身につけるかということにとどまらず、どういう意識や態度を形成するかということも合わさっている点が大きな特徴です。かつては「科学技術のにない手を教科で教える」ことと「国民育成のための道徳教育」は別建てだったように思います。いまは、これがかなり融合しています。つまり、「能力をつねにアップデートしていく自分」という態度や意識を内面化し、産業構造の変化に対応して成長産業のにない手になることと、変化の激しい社会に順応してその秩序を維持、発展させる人間になることがひとつになってきている。それは単なる人材育成ではなく、人間像そのものを新自由主義に適合的なものに変えようとしているのだと言えます。そこが60年代と現代との大きなちがいだと考えています。

世取山——単にある科学技術的な能力をもった人間の形成ではなくて、産業動態の急激な転換に対応できるような姿勢や態度をもった人間をつくるという点で深さが全然ちがうということですね。中西さんいかがでしょうか?

中西——谷口さんの言われたとおりだと思います。つまり、60年代においては、欧米もふくめて各国で高度経済成長を遂げていくために、成長経済を推進できるような人材が必要で、その能力開発が必要だと考えられていたわけです。背景的には、能力主義という言葉もだいたいその時期に出てきたものなんですね。それと同時に、その時期——私はあまり詳しくないのですが——行動科学などが取り上げられ、「できるようにするためには、どんな評価が必要か」「どういうやり方をすればできるようになるか」ということが議論されました。そして、ジェローム・ブルーナー[*1]など、主として心理学の分野で研究されてきたわけです。

　また、ある人が書いていることですが、「ある目標に到達するために必要な時間の量」という「学習の適性」なるものが規定されています。それにブルーナーの形成的な評価を加えて、「一人の子どもに、こんなふうにして能力を身につけさせていくやり方をとったらいいんじゃないか」という考え方が、60年代から70年代にかけて高度成長期の日本にも入ってきました。

　しかし、「実際にそうできるか」という話になったら、「それはそうはいかない」ということになります。おそらく、学校の先生もふくめて大半の人は、「そんなことで、簡単に人格を形成するとか、教育ができるもんじゃないよ」と、感じていたと思うんですね。「必要な能力をこういうふうにして、身につけさせることができます」なんて、簡単にはできないということです。

　しかし、いま進められているデータ駆動型などの新しい教育構想のなかでは、「より精密なシステムをつくれば、個々の人間の能力とか、態度とか、心情などをふくめて全部測ることができるんだ」という考え方に立っていると推測できる節があります。教育ＤＸ構想の方法論をつめて考えるなら、論理的にはそういう帰結が導かれるはずです。しかし、本当にそこまで徹底して考えているかどうかは、よくわかりません。構想の記述には曖昧な点が多くあって、ぼかしているのか、提唱者がつきつめて検討していないのかわからないのです。とはいえ、たとえば現在行われている学力テストや学習状況調査はデータを年1回集めるぐらいの小さなとりくみですが、もっと細かいデータを日常的に個別的につかんでいって、それをビッグデータに集積して、そこから身につけさせるべき目標に向かってプログラムを組むことができる、と考えているという点は、やはりものすごく大きなちがいだと思います。

世取山——年に1回の学力テストとは異なる、最新のテクノロジーを用いた情報収集とはどういうものなのか？　その点について、ややSF的になると思いますが、谷口さんから説明していただけますか。

谷口——各児童・生徒が1台ずつタブレットを持ち、AI型ドリルを解いていくという、経産省が補助金を出している事例があります。ドリルを解くこと自体は紙のドリルでもこれまでやられていたわけですが、ICT（情報通信技術）によって「いまどの生徒がどの問題を解いていて、それにどのぐらいの時間がかかっているか」ということが全部リアルタイムでわかるようになっています。「どのぐらい進んでいて、どこでつまずいていて、各問題にどれぐらい時間をかけたか、どの単元が苦手か得意か」ということが詳細にわかる。紙のドリルとはまったくちがう精密さで、その場でわかるし、しかもそのデータが蓄積されていくというのは、やはりICTによって可能になった大きな変化です。
教科以外でも、ライフログの収集がめざされています。これは中西さんが言及されていたように（第2章）、たとえば睡眠時間とか、心や身体の健康状態に関するデータを、マイナンバーと紐づける議論が起きています。学習歴と生活・健康状態を統合して、児童・生徒個々人の属性や行動特性と学習成果の相関関係をデータにもとづいてクリアにしていこうという流れがあります。SF的と言えばSF的なのですが、紙ベースで部分的にはやられていたことだと思います。それをデジタルデータにして統合し、全国的に収集、解析すればさまざまな相関関係がわかるようになります。技術的には、かなり可能な状況なのだと思います。

世取山――新潟県では、すべての小学校1年から中学校3年まで、単元ごとに統一のウェブテストが行われていて、学校内でのクラス平均点や学校間の平均点の比較も全部可能になっています。それがいまの状態なんですね。僕は、これを見たときに「単元ごとに実質的な全国学力テストをやるという態勢にもっていくつもりなのだろう」と思いました。実際、文科省は「全国学力テストのオンライン化」を検討しています。そこは全然次元がちがってきていると思うんですね。
産業政策との関係なのですが、僕が理解しているところでは60年代には、特定産業に向けて「お金を投資する」「人材を育成する」ということがポイントになっていました。垂直的な産業政策と言われる場合もありますが、いまはそれが禁じ手になっていて、むしろ生活のあらゆる場面を経済成長に資するように組み換えていくという政策に変わってきています。それが全生活レベル、文字どおり生活スタイルの組み換えというところに帰結するのだろうと考えています。そのなかで、人格も変えていくわけです。

自分をひとつの企業に見立てて、知識を得ることで自分の資本を増加させ、増加させた資本にもとづいて自分自身が生産性を上げていくという、そうした資本家精神を個別の人格のなかに叩き込むというところが、大きなポイントのひとつになっているのだと思います。つまり人的資本論において、国家が投資して人々の能力を上げるというよりは、人々が自ら自分の能力を上げていき国家の経済成長に貢献する、まったく逆転した関係が想定されている。だからこそ、技術の発展と結びついた、このなんとも言えないSF的な状況が生まれているのではないか、と僕なんかは見ています。

次の質問なのですが、谷口さんが「コンテンツからコンピテンシー」と実に絶妙な表現を使って、いまの政策の特徴を表していました。

物理の素粒子研究者の人たちとこの問題について話をしたときに、ノーベル賞を受賞した小林誠さん・益川敏英さんがいた時代の素粒子研究室で、「できるようになる教育とは何なんだ」と議論したことがあると言うんですよね。彼らは、「それはおかしい」と、たとえば日本史では「日本史ができるようになる」とは言わない。「日本史はわかる」ようになるけれど「できる」ようになるものではないので、「できるようになる」ということを重点化すると教育の範囲が著しくゆがむのではないか。そういう議論をしたことがある、と言われました。非常におもしろい議論だと思っています。

この点について、教育内容にたいしてどういう影響を与えると考えるべきなのか、意見をいただきたいと思います。

谷口――「できるようになる」ことと結びつかないものが非常に軽視される。それは、すでに大学が先行しているところがあります。何年か前に、国立大学で人文・社会科学系を縮小するようなことが議論になりましたが、あれなどは象徴的です。たとえば文学や哲学にたいしては「学んで知って、それが何の役に立つのか、何に使えるのか」と思っている人たちが、おそらくいます。世取山さんが例としてあげられた歴史もそうですが、歴史を学んで知って何かができるようになるわけでは一見ない。そうすると、教育のなかで非常に軽視されていく可能性が高い。

懸念されるのは、子どもたちの世界観や自己認識などに、非常に大きな影響を及ぼすことです。自分の存在がどういうものなのか？　人間の歴史もそうだし、もっと言えば宇宙の歴史のなかで自分の存在がどういうふうに成立しているのか、だから、他者というのはどういう存在なのか。そうした問いは、抽象的なようですが、子どもは、何の役に立つのかわからない一つひとつの小さな学びから、自分の世界観や自己認識を少しずつ形成していきます。それが軽視されるというのは、子どもが人格を形成するうえで、非常に危険なことだと思います。

何かを学んだり、教えられたりしたうえで、自分はいまこんな人間で、これからこんな人間になりたい……それは、子どもが自身で形成していくものです。しかし「できるようになる教育」は、どんな人間になるべきかまで決めてしまう。「主体性」がキーワードになっていますが、実際にはこれまではない次元で子どもを客体化する教育になることが懸念されます。

世取山——中西さん、いかがでしょうか？

中西——まず、「できる」ということが、どの範囲で成立するのか？　それから「できることの中身をどのようなものとして考えるのか」ということは、そもそも流動的で可変的なものですよね。決して固定的なものではありません。

何かできたとしても、「できていることが、社会的には、できてもできなくてもまったく関係ない」という位置づけを受ければ、「ある特定の行為についてできる」とは言えても、それ自体に教育的な意味があるとか、社会のなかで意味があるとかという評価に直結しているわけではない。ですから、学ぶこと・教えることのなかで、「できる」ということの内実をどのように設定し、その中身をどういうふうに考えるのかについて、前提の議論が絶対に必要になります。

だから「できなくていい」という話ではありませんが、たとえばリハビリのときには「歩けるようになる」ことがひとつの目的ですよね。しかも、それが必要だということを本人がわかっていて、社会的にも合意があったりする。そういうさまざまな条件のなかで、「できること」と「できないこと」の範囲や、「できることの内容」は規定され評価されていく。教育の場合も本質的には同じだと思います。本質的には同じなので、「何をできることが必要なのか」「どの範囲でできることを要求するのか」という点についての前提の議論なしに、「できるようになる」こと自体を目標に設定するのは不可能なはずです。にもかかわらず、いま進められようとしている到達度主義は、その到達度の妥当性、あるいは適切さについて、学びのプロセスのなかで考え直す契機を省いてしまう、ということなんですね。

これは行動経済学のナッジ[*2]の議論にたいする批判として、よく言われていることのひとつで、「できること」はデフォルトになっていて、できる中身についてもデフォルトになっている。そのことを前提にして、「どうやって、できるようになるか」という組み立て方をするということ自身が、すごく大きな特徴です。

世取山さんが言われた「結局のところ、それはどうやってできるようになるか」ということで、資本家的精神というのはおかしいけれども、「新自由主義的な社会のなかで生きる。その社会を前提にして生きる」ために必要な能力を身につけさせる。そこを徹底するというか、そこを焦点化するのが特徴だと思います。

教育DX構想は、ITの利用や、データにもとづいて一人ひとり個別的に「こういうふうにすれば、こんなになるよ」という学びの動機づけ手法から話を進めてゆくので、実は新自由主義社会で生き抜ける能力開発のバージョンアップをめざしているのだという問題が見えにくくなっている。「個人の特性をいままでよりていねいに見て、その子に合った学習を進めるのだから、何ができるかの評価もずっと適切に行える」と言われると、「そうかな」と感じてしまう。

「どういうところを評価点として見るのか」という話ですが、私は30年以上前に「目の輝き度合いで子どもが授業に参加している度合いを測る」という研究授業を見たことがあります。三十数人の教員が子どもの前に立ち、「目の輝き度合い」を5段階でチェックをして、「1」とか「3」とかやっているわけですね。これは恐ろしい話です。けれど、いまならウェアラブル[*3]を使って、虹彩の向き方とか体の向き方を一時間の授業で測れば、授業の参加度合いが全部わかるという理屈になります。ぐたっと寝ていると当然「意欲的でない」とか、あるいは、ぐたっと寝ていた時間と成績の結果がどう相関しているかをデータにとっていけば、必ずいろんなことがわかってくるはずだ。だから、どういうふうに意欲的かということについても必ず評価できるようになる。そういう発想を徹底するわけですよね。

それは技術的には谷口さんも言われたように、センサー技術などを使って非常に細かく精密に調べること、測ることができる。そうした技術についての一種の幻想の上に乗っかっている。相関関係なので、メカニズムはわかっているわけではないけれど、そういうかたちで「できるようになる」ことの範囲・対象を、全面的に広げることができる。そうした発想にもとづく教育・学習「技術」の改革論には、教育関係を成り立たせる核心部分を壊しかねない危険性があります。

いままでは、たとえば1年に1回の学力テストや、1学期ごとの学力テストと言っても、「そこでわからないもの」「そこでは出てこないようなもの」について「当然、学校教育だったらそういう部分もあるよね」という暗黙の了解、あるいは合意のようなものが教育現場では存在していたように思います。その合意や暗黙の了解を、取り外してしまう。その徹底性がやはり非常に大きな問題というか、いままでとはちがう点だと思います。

世取山――中西さんの議論（第2章）で非常に興味深いと思ったのは、「能力主義の純化・先鋭化」という言葉を使われていることです。僕も研究者になって30年以上になるのですが、能力主義それ自体についての歴史的変化や経緯について、きちんと体のなかに落とし込んだことがなくて、まるで自然現象のように「能力主義」という言葉を使っていました。しかし、中西さんの話を聞くと、やはり教育外在的な原理にもとづいて何かが決定されて、教育を変容させていく。それが能力主義のある種の要素になっているということが見えて、正直ハッとしたんですね。自分の勉強不足を自覚させられたのですが、「能力主義の純化・先鋭化」がどういう変化を示しているのか。そこのところを、もう少しお話しいただけますか。

中西――まず、能力主義という場合の「能力」とは何かが問題になりますが、能力観念の整理はここでは触れません。英語ではメリトクラシーが能力主義に対応する言葉で、メリットはマイケル・ヤングの定義では「知能に努力を加えたもの」[*4]です。知能+努力と定義される能力にふさわしい評価と地位とを保障するしくみなり秩序がメリトクラシー、能力主義ということになります。能力主義競争という場合には、単に能力を競うという意味ではなく、社会的地位と評価を得るのに有効な能力（メリット）を獲得するための競争ということになるでしょう。逆に考えれば、評価に値する力が能力とみなされるわけで、能力が社会的成功につながるという暗黙の基準に制約されていることになります。

社会的成功とは、ざっくり言って、資本主義システムに有効で有用な力と認められることで、これが近代能力主義です。資本主義が能力主義秩序を要求するのです。

そういう能力を得るための手段として教育（学校教育システム）が位置づけられる。ヤングの議論はメリトクラシーの出現に果たす教育制度の機能に焦点があてられている。学校教育での陶冶がメリトクラシーで言う「能力」とどうかかわるかについて多くの検討がなされてきました。[*5] 成功する能力の内容は、社会・経済システムの変動にともない変化するので、大衆社会化のような大変動は、能力開発の目標や課題とこれにかかわる教育改革とが理論的・政策的な焦点になります。

教育システムが能力主義競争の主要な舞台として注目され論じられるようになるのは、日本では高度成長期でした。欧米でも、それぞれの高度成長にあたる時期にメリトクラシーに関する議論がなされています。

能力主義については、政府・財界が進めた人的能力開発政策が能力主義競争を激化させ、教育が維持すべき平等性が壊されるという批判的文脈でも盛んに論じられました。受験競争の弊害が広く知られるようになった時期です。能力主義秩序とは能力を基準にする選抜の体制で、能力に応じて処遇に差をつけるのが当然とみなされる。いまでも広く受容されている考え方ですが、過酷な受験競争や「落ちこぼし」を放置してよいのかという疑問も大きくなっています。

能力主義の純化・先鋭化と述べたのは、教育DX構想がはらんでいる能力主義は、高度成長期から70年代に現れた能力主義秩序をめぐるこの議論の単なる延長でとらえるべきではないと思うからです。その理由は、獲得すべき能力の内容を人間の社会的あり方全体に拡張し、新たな能力を装備した労働力の動員によって資本蓄積の機会とポテンシャルを増大させようという産業界の要求に応えようとしているからです。非認知的な領域の能力も測定し、個別最適化手法で開発できるはずだという主張はこうした背景から生まれています。キー・コンピテンシーの測定・開発をめぐる国際的動向も、やはり、経済界の要求が起点になっていますね。新自由主義化された将来社会で必要になる能力をどうすれば効果的に開発できるか、そのために現在の教育をどう「改革」するか、それを示しているのが教育DX構想で、「データ駆動」を土台とする個別最適化手法を推進すれば、緻密な能力主義秩序を実現できると考える。これが能力主義の先鋭化です。

これまでの教育でも、もちろん、能力主義競争は存在してきたし、能力開発を効果的に進めるための手法は追求されてきました。しかし同時に、現実の教育過程では、能力主義秩序をつらぬこうとしてもうまくゆかないところが必ずある。細かく「能力」を測り、最適の学習を実行させたとしても、想定した結果とちがうことはあるし、そうした教育的はたらきかけとは無縁に子どもが勝手に学ぶ、あるいは学ばないという事態が普通にあります。能力開発を徹底的に追求しても、教育のいとなみには、想定した結果（正解）に確実にいたるアルゴリズムはない。人を想定どおりに育てることには限界があるという認識が近代の教育思想にはふくまれていて、「この人間をこう育てる」「完璧な格好で育てる」という追求と「やろうとしても無理なんだよ」という認識とが裏合わせのようにセットになっていたと思います。

どんなに熱心に細かく計画しても子どもを思いどおりに育てることは難しい。そう考えるのは、陶冶のすがたとしてリアリティがあり、能力主義秩序でもって教育を覆いつくすことの幻想を衝いているとも言えます。

いや、そんな限界はない、教育技法の革新によって能力主義秩序をつらぬくことが可能だというのが教育DX構想の主張で、能力主義の純化と言えます。知識基盤社会やデータ駆動型社会の名のもとに、データを集積し情報化して、その情報の付加価値を見出すことによって、社会の生産性を上げていく。そういう社会のあり方に適合した人間・能力をつくり出してゆけるというわけです。私は幻想だと思うけれども。

それからもう一点。教育の目的として、「人格の形成・確立」があげられますが、当然のことながら、子どもにとって、あらかじめ人格という特定の人間性モデルが存在するわけではありません。「いかなる人間になるか」は、社会的なプロセスを通じて具体化されるからです。したがって現代の、新自由主義的な社会のなかで生きている人たちは、「こういうふうにして自分を鍛えていこう」とか、「こういうふうにして自分の能力を自分なりに磨いていこう」という新自由主義的な発想の陶冶のあり方に、かなり親和的な意識や心性をもたざるをえません。そうしないと、なかなか生きていけないので、もたざるをえない。純化した能力主義はそれなりにクリアで受け入れやすい面があります。「それでやってゆくしかないじゃないか」と思う。それなのに、「そんなこと言ったってできない」とか「おれは何にも考えてない」という感じ方とその表明は、理解できない「異物」に映ります。人間のあり方としては、簡単に言うと「クズ」に属するとみなされる。だから、「異物」に見られてしまうようなことを考えてもしょうがないんだという、排除のロジックが、「自分を磨かなければダメ、評価されない」という能力主義の裏側に隠されているのではないでしょうか。したがって、「異物」の排除もきわめて徹底されていく。

新型コロナ災害緊急アクションで困窮者支援を行っている瀬戸大作さんは、日本では「どんなに苦しくても生活保護を受けません」と言う人が多いことについて、一番大きな問題としてスティグマ（刻印）の問題、屈辱感の問題をあげています。権利であるとか、「こういう制度がある」「こういうやり方をすれば生き延びられる」と投げかけたとしても、「そこには行きません」というところで、人の生き死にが決まってしまうことがあります。そうした意識に、教育ＤＸの陶冶構想は非常に乗っかりやすいという感じがしています。

〔注〕

＊1　アメリカ合衆国の心理学者。ニューヨーク市出身。一般には教育心理学者として知られているが、認知心理学の生みの親の一人であり、また文化心理学の育ての親の一人でもある。

＊2　行動科学の知見から、望ましい行動をとれるよう人を後押しするアプローチのこと。

＊3　「身に着けられる」という意味をもつ言葉で、衣服や腕、首などに装着可能なIoT機器やコンピュータのことを指す。
＊4　マイケル・ヤング『メリトクラシー』窪田鎮夫・山本卯一郎訳、講談社エディトリアル、2021年。
＊5　たとえば、J・カラベル／A・H・ハルゼー編『教育と社会変動――教育社会学のパラダイム展開』上・下（潮木守一ほか訳、東京大学出版会、1980年）、S・ボウルズ、H・ギンタス『アメリカ資本主義と学校教育――教育改革と経済制度の矛盾』1・2（宇沢弘文訳、岩波書店、1986・1987年）、マイケル・W・アップル『教育と権力』（浅沼茂・松下晴彦訳、日本エディタースクール出版部、1992年）、バジル・バーンスティン『〈教育〉の社会学理論――象徴統制、〈教育〉の言説、アイデンティティ』（久冨善之ほか訳、法政大学出版局、2000年）など。

第2部

人間的な教育をつくり直す

第3章　個人の要求を基礎にした学びとは
――「個別最適化された学び」との対抗

谷口　聡

本章の目的は、教育DX政策によって実現が図られようとしている人的能力開発の特徴を分析（第1節）したうえで、これに対抗する学びと教育のあり方（第2節）およびそれを実現するのに必要な教育行政の役割と課題（第3節）を考察することにある。

1　教育DX政策の人的能力開発論

第1章で論じたように、教育DX政策の目的は、ICTによって収集、分析されるデータを軸に教育の実践と政策を再編し、これによって国が学習指導要領で定めた資質・能力を有する人間の育成をより精密な方法（「個別最適化された学び」「データ駆動型教育」）で実現することにある。その背景には、2010年代以降、デジタル社会形成政策が成長戦略の主軸となったことにより、民間によるイノベーションを生み出すための国による環境整備、つまり社会のあらゆる領域におけるデータの標準化、規制・制度改革がある。加えて、2017年以降の経済政策（「人づくり革命」「生産性革命」）において、人的能力開発の重要性が高まった結果、教育のデジタル化は、その成長産業化と経済成長の源泉である人材育成という二つの目的から推進されている。

学校教育による人的能力開発自体は特別新しいものではなく、すでに高度経済成長期の1960年代に経済界から強く要請されている。たとえば、今日の経済財政諮問会議の前身である経済審議会[*1]は、1963年10月に「経済発展における人的能力政策の課題と対策」を発表し、能力主義の徹底、教育投資、「ハイタレント・マンパワー」[*2]の養成、中等教育と職業教育の拡充などを唱えた。1960年代に実施された悉皆《しっかい》での全国学力調査、高校における普通科と専門学科の分離、高等専門学校の新設（1961年学校教育法改正）などは、人的能力開発政策の具体化であった。

では、現代においてあらためて重視されている人的能力開発には、いかなる特徴があるのだろうか。

第一の特徴は、経済界が求める資質・能力が多元化していることである。言語スキル、情報スキル、ICTスキル、主体性、創造性、思考力、社会情動的スキル、メタ認知……など、知識に限らない人格的な要素をふくんだ包括的な能力をそなえた人材育成への要請が強まっている。また、そのような能力を自ら身につけようとする意識・態度の形成、換言すれば「自ら能力開発する人間」の育成を求めている。このような動向は、さかのぼれば首相の諮問機関として臨時教育審議会が設置された1980年代頃から見られたが、グローバル化、情報化、長期不況などが進み、経済界が国家社会の

「構造改革」を主張しはじめた1990年代半ば以降、より顕著になった。たとえば、経団連（1996年）は、求める人材の要素として「主体性」「自己責任の観念」「創造性」を掲げたうえで、それに適した教育改革を提言した。[*3] 求める人材像の変化は世界的なものであり、OECDは、DeSeCo（Definition and Selection of Competencies）プロジェクト（1997〜2003年）を立ち上げ、「コンピテンシー」[*4]の構成要素として知識、スキル、態度・価値観の三つをあげ、2000年から知識の活用程度を3年ごとに測る学習到達度調査（PISA）を始めた。これらは日本の教育課程政策にも大きな影響を与え、コンピテンシーの3要素と現学習指導要領における資質・能力の3要素「知識・技能」「思考力、判断力、表現力等」「学びに向かう力、人間性等」は、大きく重なっている。OECDは、AIによる社会変化を見据えれば2030年以降の世界はより「予測困難で不確実、複雑で曖昧」になると想定し、そのような社会で必要となるコンピテンシーとそれを育成するためのカリキュラムの方向性を示す「ラーニング・コンパス」を2019年に発表している。[*5] 引き続き日本の教育課程政策、とりわけ次期学習指導要領の改訂に大きな影響を与えるだろう。

第二の特徴は、すべての人間が幼児期から生涯にわたって能力開発することを求めている。1960年代の人的能力開発は、学校教育、とりわけ中等教育の改革によって科学技術の発展をになう研究者や技術者を養成しようとするものであった。これにたいして、現代のそれは、特定の人材や年齢層に限らない、また、学校教育に限らない、生涯にわたる能力開発を求めている。このような能力開発の考え方は、OECDが1970年代に提唱したリカレント教育[*6]から続くものであり、日本においても臨時教育審議会の答申が生涯学習を唱えた1980年代以降、繰り返し政策提言されてきた。[*7] しかし、同答申から40年近く経た現在にあってもそのような能力開発や学習・教育のあり方は実現していない。そのため今後、ビッグデータの活用やAIの実装などデジタル化が進行するにつれて産業および社会構造が急速に変容するという前提のもと（第4次産業革命論、Society5.0）、その変容に自発的かつ継続的に対応する人材育成をこれまでにはない強度で求め、あらためて生涯にわたる能力開発の重要性が謳われているのである。このような文脈から、近年、DX時代の人材戦略として提唱されているのが「リスキリング」である。リスキリングとは、「新しい職業に就くために、あるいは、今の職業で必要とされるスキルの大幅な変化に適応するために、必要なスキルを獲得する／させること」[*8] であり、経済界や経産省などが各企業や労働者にたいしてその実行を推奨している。

幼児期に関しては、2000年以降、OECDが生涯学習のなかでも就学前教育を重要視し、[*9] また、ノーベル経済学賞を受賞したジェームズ・ヘックマンが就学前教育にたいする投資効果がもっとも高い収益率を生むとする研究成果[*10] を発表した影響もあり、成長戦略としての幼児教育・保育政策が注目されている。[*11] 2017年改定の「幼稚園教育要領」「保育所保育指針」「幼保連携型認定こども園教育・保育要領」において、すべての幼児教育施設の共通目標「幼児期の終わりまでに育ってほしい10の姿」が定められた背景には、このような人的能力開発論があると考えられる。「骨太の方針2017」で規定され2019年10月からスタートした幼児教育の無償化は、保護者の教育費負担の軽減とあわせて、教育投資論という性格があると見るべきだろう。

第三の特徴は、人的能力開発と国民統治の連動性である。世取山は、人的能力開発の一環として進められる今日の教育改革を「スキル最優先教育」（＝〈できるようになる教育〉）と把握したうえで、このような教育が新自由主義的統治をより実効的なものにすると指摘する。なぜなら、「スキル最優先教育を受けた人間は、競争の目的や文脈を問わず、それを問うのに必要とされる知識を持たず、成果を挙げること、そして、賞罰の配分にその関心を集中させる者となる。このような者が、競争を新しい管理のテクノロジーとする新自由主義的統治を無批判に受け入れ、新自由主義的統治の実効性や安定性を強化させる被統治者となる」からである。[*12] 従来、学校における道徳教育やナショナルアイデンティの涵養によって社会統合、国民統治が図られてきた。今後は、資質・能力を自発的に獲得・向上する意識・態度の形成が、国民統治の新たな形態として機能するかもしれない。

以上、科学技術の発展をにない経済成長に資する人材を学校教育で育成しようとする1960年代型の人的能力開発から、デジタル化にともなって産業および社会構造が急速に変容していくことを前提に、多元的な能力を自発的に獲得する価値観・態度をもち、実際にそれを実行できる人材を継続的（就学前教育－学校教育－リスキリング）に育成しようとする人的能力開発への移行が、教育DXの背景には存在する。

2　個人の要求を基礎にした学び

既存の学校教育の問題の所在

新たな人的能力開発への移行にあたって批判の対象になっているのが、これまでの学校教育制度である。それは、「一律・一斉・大量生産型の教育」であり、20世紀の工業化社会にはフィットするものであったが、世界のビジネス・政治・行政における価値創造のやり方が変わる2020年代においては、生まれ変わるべきものだと批判されている。[*13] そのため、教育DXは、教育課程（年齢主義・履修主義など）、学校組織（学年、学級など）といった既存の学校制度の基本的枠組みを、さらには公教育と私教育（民間教育産業や家庭教育）の関係を再編しようとしている。EdTechを活用すれば、時間や空間に制約されずに学ぶことができる。したがって、共通の教育内容を同じ時間（標準授業時数）分受けて教育課程を修了（履修主義）するのではなく、各自が一定の資質・能力を習得すれば教育課程を修了（修得主義）できるようにすればよい。同一年齢の子どもが同じ空間（教室・学校）で学ぶ学級・学年制に囚われる必要もない。さらには、教育の提供者を教員や学校に限定する必然性もない。個人の能力・適性に応じて、最適な時間・空間・方法を組み合わせる学びのあり方＝「個別最適化された学び」に合うよう、学校制度はトランスフォームするべきという発想である。

たしかに既存の学校教育は、一方的で画一的な性格をもち、子どもが学ぶ意義を見出せていないにもかかわらず成績や入試といった外発的な動機づけによって勉強を強制し、結果、彼らの学習意欲、自己肯定感などの育成を阻害していることは否定できない。不登校が生まれる要因にもなっているだろう。

しかし、教育ＤＸによってこのような問題は解消されるのだろうか。むしろ、このような問題がより深刻化することすら懸念される。なぜなら、既存の学校教育が一方的・画一的になっている主要因には、教育課程の国家的基準である学習指導要領の法的拘束性があると考えられるからである。学習指導要領およびその解説は、教科書検定の基準、全国学力・学習状況調査、指導要録、各学校種の受験などと連動して、学校の教育課程の編成に甚大な支配力・影響力を及ぼし、学校教育の実践における自由や創造性を抑制するものとして機能してきた。さらに、２０１７・２０１８年告示の現学習指導要領は、育成すべき資質・能力（何ができるようになるか）の基準へと構造転換し、それに則して教育方法（「主体的・対話的で深い学び」）、学習評価（「目標に準拠した評価の実質化」）、学校運営（「カリキュラム・マネジメント」）をふくむ学校教育のあり方全般を方向づけるものになっている。にもかかわらず、教育ＤＸ構想には、学習指導要領の法的拘束性が教員や学校の自由や創造性を抑制し、結果、「一律・一斉・大量生産型の教育」が生み出され、それが強化されているという認識はない。むしろ、「一人一人が学習ログ（記録）の分析によって自己認識を深め、自律的に自分に適したEdTech教材や指導者や学習場所を組み合わせ、気づけば学習指導要領が求める資質・能力はそれなりに身についている学び[*14]」をめざしている。第1章で記した「教育データ利活用ロードマップ」においても、「今後、育成すべき資質・能力の明確化・指標化」とあわせて教育ＤＸ政策を進めるとされている。したがって、「個別最適化された学び」は、使用するEdTechや場所という点で一律・一斉ではないにせよ、学習指導要領が規定する資質・能力の枠組みのなかでEdTechがその学習を調整するにすぎず、学習と教育のあり方はより画一的なものになることが懸念されるのである。

個人の学習要求を基礎にした学び

真に一方的・画一的な現在の学校教育の転換をめざすのであれば、一人ひとりの学習者が何を学び、どのような能力を発揮し、どのような人間になりたいと考えているのか、すなわち個人の学習要求は何であるのか、そして、それに必要な教育のあり方はどのようなものかという根本から問われる必要がある。現代の日本の子どもは、自らの学習要求を表明することを学校教育のなかで保障されていない。それ以前に、学習要求を形成・認識する余裕すらない状況におかれているように見える。学習指導要領を基準とする教育課程編成のもとで目標設定、競争、評価に晒され、自身の経験や生活のなかから生まれる興味関心はないがしろにされている。迷い、まちがい、遠回りしたりしながら、その人なりの学習要求が形成できる余裕や機会を、すべての子どもに保障することから考えなくてはならない。

個人の学習要求をあるべき学びと教育の原点にする理由は、第一に、人間は学習によって幸福追求できる主体へと変容するという事実を踏まえ、そのような学習をすべての国民が保障されるべき基本的人権ととらえる思想、第二に、この思想にもとづき日本の教育の根本を定めた教育基本法は「人格の全面的発達を目指す」ことを教育目的として規定しているとの解釈、に立脚するからである。

まず、人間の本質的な特徴は、生物として「弱く生まれる」が、それゆえに「発達の可能性」をもち、同時に「学習の可能性」をもっていることにある。[*15] 換言すれば、人間は、「未完成」なものとして生まれ、それゆえに生涯を通じての学習によって多様に能力を発達させる可能性をもった「完成への可能態」だと言える。[*16] そして、そのあり方は、一人ひとりの生まれもった個性や生きる環境によって異なる。人間は、個性や環境の差異を前提に自らの生存と幸福追求に必要なものを要求し、それを充足させながら自らが潜在的にもつ諸能力（身体、認知、言語、感性、論理性、社会性、道徳性、芸術性、等々）を発達させる。そして、獲得した諸能力をその人なりのかたちで統一し、自分のものとすることで固有の人格を形成、発達させていく。したがって、人間は学習を通じて人間的に発達し、その結果として、自らが生きていくうえで望む労働、文化、社会の主体者＝幸福追求の主体者となりうる。[*17]

学習が人間としての本質に根差し、それなくして生存、発達、幸福追求がありえないのだとすれば、それは基本的人権のひとつにすべきものとなる。学習を人権とする思想は、「国民ひとりひとりが労働と文化と政治の主人として自らを形成し、国民が自らを治め自己を実現していくために、その生涯を通じての学習の保障を権利として要求するもの」であり、「教育改革の基本的な視点」とすべきものである。[*18] たしかに日本国憲法は、学習を国民の権利とすることを明示的に規定しているわけではない。しかし、判例上、初めて学習する権利について述べた家永第二次教科書訴訟・杉本判決は、[*19]「子どもは未来における可能性を持つ存在であることを本質とするから、将来においてその人間性を開花させるべく自ら学習し、物事を知り、これによって自らを成長させることが子どもの生来的権利」であるとして、人間としての本質的な特性から、子どもが学習することの意義とその権利性を示している。そして、日本国憲法26条「教育を受ける権利」のリーディングケースである最高裁学テ判決[*20]は、「この規定〔憲法26条〕の背後には、国民各自が、一個の人間として、また、一市民として、成長、発達し、自己の人格を完成、実現するために必要な学習をする固有の権利を有すること、特にみずから学習することのできない子どもは、その学習要求を充足するための教育を自己に施すことを大人一般に対して要求する権利を有するとの観念が存在していると考えられる」としている。したがって、学習する権利が明示的に規定されていないにせよ、日本国憲法26条「教育を受ける権利」の内実は、いかなるものであっても教育が提供されればよいわけではなく、個人が自らの人格を発達させ、幸福追求するのに必要な学習要求を充足するものでなければならない。

このように学習を人権とするならば、教育基本法に規定された教育目的「人格の完成を目指し」は、「人間が生まれながら有している主体性、すなわち、自らの欲求を充足するために、外界に働きかけそれから応答を引き出し、内面化する能力を行使することによって、潜在している能力のすべてを可能な限り最大限発達させ、それらをその人独自の形で統合させ、かつ、人格全体を新たな構造へと継続的に発展させていくこと」[*21]=「人格の全面的発達」をめざすことだと解される。

学習者の学習要求は、多様なかたちで具体化し、日々の生活や人間関係のなかで変化し続けるだろう。それに、ていねいかつ柔軟に応える教育を実現するためには、教育者の自由や創造性が不可欠である。学習指導要領によって資質・能力を国が規定し、法的拘束力をもってその育成を学校に課すしくみのもとでは実現困難である。以上の立脚点から見れば、学習指導要領の資質・能力に枠づけられた「個別最適な学び」は、個人の学習要求を原点に人格の全面的発達をめざす教育とは緊張関係にあると言える。

学びにおける他者の意義――子ども同士

個人の学習要求をあるべき学びと教育の原点にするとした場合に、子どもが何を学び、自身に必要な能力とは何かを自力で考えることなどできるのか、という問いが浮かぶかもしれない。

このような問いにたいし、能力とは何か、ということから考えてみたい。能力を一般的な意味で定義すれば、「何事かを成し遂げるのに必要な力」という意味になる。ただし、「何事か」と言っても何でも該当するわけではない。それは一定の歴史や社会に規定される側面がある。誰一人として価値を認めない力を、「能力」とは言わないだろう。計算が早い、足が速い、絵が上手に描ける、人の感情を察することができるなどは、多くの人が能力として認識しているものである。では、ゲームでハイスコアを出せる、早食いができる、変顔ができるというのはどうだろうか。それらに価値を見出している者にとっては能力であるが、価値を見出していない者にとっては無意味なものとみなされる。社会という単位で見た場合も、何を能力とみなすかは固定的なものではない。極端な例だが、人を殺すという行為もある時代や状況（たとえば、戦場や犯罪者集団）においては、他者から「能力」として認識される。このように考えれば、個人が何を「能力」とするかは、歴史や社会を土台としつつ一定の人間関係のなかで価値選択をともないながら形成されるものと言える。人間は、自らの能力観を言語的・非言語的なコミュニケーションのなかで、あるいは、他者の言動から無意識に影響を受けながら形成していく。子どもであれば、子ども同士や身近な大人である家族や教職員、本やテレビといった文化にも影響される。

能力観の形成をこのようにとらえたうえで、それが発揮される場面における他者の意味を考えたい。佐伯胖は、能力、学力、あるいは「○○力」と呼ばれるものについて、行為主体自身が「もっている」力なのではなく、それらは、「当人とその周辺の人々、さらにそれをとりまく世界との関係の中で、特有の形で「たち現れる」行動特性だ[*22]」ととらえている。すべての能力をそのようにとらえられるかには疑問があるが、ある能力の発揮が、学習者同士あるいは学習者と教育者など一定の人間関係に影響を受けることは事実だろう。たとえば、算数の計算スピードが遅い子どもがいた場合、学級担任の説明が曖昧で計算方法がわからないのか、家庭が貧困や虐待など何らかの問題を抱えていて集中できないのか、あるいは、クラスメイトの意見を聞く機会がなかったため学ぶ意義を見出せないのか……その理由は、さまざまだろう。

能力をこのように理解すれば、子どもは、人間が本質的にもつ主体性を基礎に、多様な人間関係のなかでおのずと自らの学習要求を形成していく力を潜在的にもっており、異質な他者（子ども同士、そして子どもと教職員）が相互に影響し合う学校は、その潜在的な力を顕在化する場所だと考えられる。

教育DXがめざしているのは、これまで分析してきたように、ひとつには「個別最適化された学び」であり、もうひとつには、他者との協働による探究等を図る「協働的な学び」である。EdTechによって一定教科の基礎は効率化＝時短することができ、その分、「協働的な学び」がこれまでよりも拡充できると喧伝されている。しかし、教科の基礎を学ぶ、たとえば、漢字の読み書きをひとつ学ぶだけでも、EdTechによって個別に学ぶのと、他者との関係性のなかで学ぶのでは、子どもにとって異なる意味をもつ。子どもは、教科、教科外、給食、休憩時間など、学校において連続する生活のなかで人間関係を形成し、相互に影響を受けながら自己や他者、文化や自然への興味関心を拡大させ、各自が多様な能力を形成し、それを発揮する。そのさい、多様な能力は個別バラバラに存在しているわけではなく、「現実的なまとまりを持つ一つの全体」として存在する。[*23]

「個別最適な学び」と「協働的な学び」を「一体的に充実させる」と謳われているが、もともと協働的な学びの場である学校教育を「個別」と「協働」に分けて考える必要があるだろうか。既述したとおり、現代の日本の子どもは、学習指導要領を基準とする教育課程編成のもとで目標設定、競争、評価に晒されており、協働的に学習要求を形成できる状況にない。このような状況を生み出している既存制度の改革こそが必要だろう。一人ひとりが、他者の言動に影響を受けながら学習要求を形成し、それを他者に向けて表現し、共感や批判を受け、自らの要求を再形成する。そして、お互いの要求を調整しながら共通の要求をつくりあげる。このような協働的に学習要求を形成する機会を子どもに保障し、これに応える教育を行うことが、彼らが学ぶ意義を感じながら人格を全面的に発達させることにつながると考えられる。

学びにおける他者の意義——教員

では、異質な他者が相互に影響し合いながら学ぶ場である学校教育において、教員は、どのような存在であるべきだろうか。最高裁学テ判決[*24]は、「教師と子どもとの間の直接の人格的接触を通じ、その個性に応じて行われなければならない」ことが教育の「本質的要請」であると判示している。その意味するところは、個性を有する学習者の多様で可変的な学習要求は、それと日常的かつ直に接する人間によって把握することが可能なのであり、したがってこれに応えることができるのも人間であるという教育の根源的なすがただと解される。

「教育の本質的要請」を前提にすれば、教育をになう教員には、共感する、励ます、褒める、共に喜ぶといった感情的かかわりをふくめた全体的なかかわりが求められる。学習者に学習要求があるように、教員には専門性にもとづいて子どもに必要だと考える教育がある。学習者の要求と教育者が考える必要性、決して予定調和ではない二つを調整しなくてはならない。そして、多様で可変的な学習要求に柔軟に対応するには創造性も求められる。これらの実行は、現在のＡＩにはおよそ不可能なことである。

第１章でも記述したように、学校におけるＩＣＴの活用にはさまざまな可能性や利点がある。たとえば、インターネットを用いた情報収集や遠隔地との交流、タブレット端末での写真・動画の撮影と活用、クラウドベースのアプリによる共同作業、病気療養中の子どもにたいするオンライン教育、音声再生機能や拡大表示機能を有するデジタル教科書……などなど。これらを否定する必要はまったくない。しかし、学習者の学習要求に直に接する人間（教職員等）が、その自律的・専門的な判断のもとに必要に応じてＩＣＴを活用した教育を実践することと、過去のデータの蓄積や標準化されたビッグデータをもとにＡＩが最適だと判断した学習・教育を行うこと（「個別最適な学び」「データ駆動型教育」）のあいだには大きな乖離がある。重要なことは、学習要求に応える教育を実践するにあたり、必要に応じてＩＣＴを活用できる自律性を教員に保障することである。

3　教育行政の役割と課題

教育行政に求められる役割

以上、教育ＤＸの問題を指摘し、これとは異なる学びのあり方を個人の学習要求を原点に検討してきた。それを踏まえつつ、学校制度の整備をになう教育行政に求められる役割は何か、という問いについて考えたい。

まず、文科省は、教育政策が成長戦略の一環に位置づけられているなかで、経産省と協調あるいは競合して人材育成ないし教育の成長産業化を促進するという役割をになえば、経済を所管する経産省の優位性の前に自身の存在意義を自ら縮小することに帰結するだろう。学習する権利を有する子どもを原点に考えれば、彼らの学習要求に応える教育を実現する条件整備が、文科省の固有の役割となる。

いかなる条件整備がそれに適当であるかは、子ども・保護者、学校関係者、地方教育行政関係者、教育学者など、学びと教育の当事者や関係者の知見を集約して明らかにしていく必要がある。そのさいに一考に値すると思われるのが、従来からある学校制度の意義である。たとえば、一定の時間（修学時間）に一定の場所（学校・学級）に行って、一定の人間関係（クラスメイト、担任など）のなかで過ごす（学ぶ、遊ぶ、食べるなど）ということを、いまの学校制度は当然なものとしている。この当然なものとされているしくみの意義を、コロナ禍は想起させた。多くの人が一時的なオンライン教育によってデジタルの恩恵を享受した。教育ＤＸはそれを梃子《てこ》にして既存の学校制度を抜本的に再編しようとしている。しかし同時に、直にかかわることに比してオンラインやデジタルの限界も広く認識されたように思われる。

文科省に求められるのは、教育の目的が子どもの人格の全面的発達にあること、そのためには教育者の自律性や創造性が必須となることを踏まえたうえで、学校のＩＣＴ環境を国の成長戦略に応じて「データ駆動型教育」の基盤整備とするのではなく、教育現場の自律的・専門的な判断によってＩＣＴを活用できるように整備することである。そして、子どもが関係性のなかで形成した学習要求に応答できる教育条件整備をになうべきである。学習指導要領の法的拘束性の撤廃、少人数学級、教員の労働環境の改善、彼らの専門性を高めるための教材研究や自主的研修の機会を保障することなどが考えられる。

教育条件整備をになう教育行政の課題

では、文科省がそのような役割をになうためには何が課題となるだろうか。現状は、首相官邸主導のもと、デジタル庁、経産省、総務省と文科省の協働推進体制によって教育ＤＸを推進し、資質・能力をそなえた人材を育成することがめざされている。行政機関・業務の連携は、たとえば、子どもに関する医療、福祉、教育、安全などのように、必要なものである。しかし同時に、自律性・独立性を要する領域があることを踏まえ、それをできるだけ侵害しない行政でなくてはならない。特に教育は、子どもの内面形成（価値）および真理（科学）にかかわるため、国家権力からの自律性の確保が求められる領域である。そのため教育基本法は、教育と教育行政を区別し、教育行政の任務を教育に必要な条件整備をすることと規定（旧10条）した。このような教育の本質的性格は普遍的なものだと考えられるため、教育基本法の改正（２０１６年）においても、教育と教育行政を区別する規定（新16条）は堅持されたのだと解される。教育と教育行政を区別したうえで、さらに、教育の自律性を確保するために「教育行政の一般行政からの独立」という原則が存在する。地方教育行政において首長から独立した行政委員会として教育委員会が設けられているのは、その具体化である。近年、学問の自由の観点から学術会議の独立性が問題になっているが、中央行政における教育行政の独立性の確保のあり方が検討されなければならない。

〔注〕

＊1　長期経済計画の策定、経済に関する重要政策などを審議する内閣総理大臣の諮問機関。学識経験者、経済界代表など民間人の委員によって構成され、財政、金融、雇用などについて審議した。政府は、経済審議会の答申を受けて経済計画を閣議決定した。

＊2　経済界において主導的な役割を果たし、経済発展をリードする能力をもった人材。

＊3　日本経済団体連合会「創造的な人材の育成に向けて――求められる教育改革と企業の行動」（1996年3月26日）、同様に「主体性」「プロ意識」「知力」を掲げた「グローバル化時代の人材育成について」（2000年3月28日）、「志と心」「行動力」「知力」を掲げた「21世紀を生き抜く次世代のための提言――「多様性」「競争」「評価」を基本にさらなる改革の進言を」（2004年4月19日）など。

＊4　絶えず安定的に期待される業績をあげている人材に共通して観察される行動特性。

＊5　白井俊『OECD Education2030プロジェクトが描く教育の未来――エージェンシー、資質・能力とカリキュラム』ミネルヴァ書房、2020年を参照。

＊6　リカレント教育とは、経済や社会の変化に応じて求められる新たな能力を身につけられるよう、人々が労働する期間と教育を受ける期間をリカレント（繰り返す）することができる教育システムを意味する。

＊7　谷口聡「3条」日本教育法学会編『コンメンタール教育基本法』学陽書房、2021年、76-78頁を参照。

＊8　経済産業省「第2回デジタル時代の人材政策に関する検討会」資料2-2石原委員プレゼンテーション資料。

＊9　OECD「生涯学習をすべての人のものに」1996年。

＊10　ジェームズ・J・ヘックマン『幼児教育の経済学』古草秀子訳、東洋経済新報社、2015年。

＊11　池本美香「経済成長戦略として注目される幼児教育・保育政策――諸外国の動向を中心に」『教育社会学研究』88集、東洋館出版社、2011年。

＊12　世取山洋介「学級という空間の融解、あるいは、子どもの欲求の不可視化」角松生史・山本顯治・小田中直樹・窪田亜矢編『縮小社会における法的空間――ケアと包摂』日本評論社、2022年、170頁、世取山洋介「教育法学の境界――新自由主義教育改革の新段階のもとでの再定位」『日本教育法学会年報』50号、有斐閣、2021年、35頁。
＊13　浅野大介『教育DXで「未来の教室」をつくろう――GIGAスクール構想で「学校」は生まれ変われるか』学陽書房、2021年、16、26-27頁。
＊14　同上、16頁。
＊15　堀尾輝久「学習権論の教育学的基礎」日本教育法学会編『講座教育法2　教育権と学習権』総合労働研究所、1981年、27頁。
＊16　堀尾輝久『人権としての教育』岩波書店、2019年、8-13頁。
＊17　前掲、注7、81頁を参照。
＊18　前掲、注16、37頁。
＊19　東京地判昭45・7・17判時597号3頁。
＊20　旭川学力テスト事件最高裁判決（最大判昭51・5・21刑集30巻5号、615頁）。
＊21　世取山洋介「1条」日本教育法学会編『コンメンタール教育基本法』学陽書房、2021年、35頁。
＊22　佐伯胖『「学ぶ」ということの意味』岩波書店、1995年、192頁。
＊23　モーリス・ドベス『教育の段階――誕生から青年期まで』堀尾輝久・斎藤佐和訳、岩波書店、1982年、235頁。
＊24　前掲、注20。

第４章　教育のケア的関係の再発見

中西新太郎

1　今日の教育困難をどうとらえるか

教育ＤＸ構想はデジタル化によって学校教育を改革し、デジタル化社会で活躍できる人材を育成すると謳っている。デジタル化の遅れが日本の教育にとって障害になっているという認識に立っている。しかし、子どもの成長とこれを支える陶冶のあり方に、いま生じている困難の中心は、教育ＤＸ構想が述べるようなデジタル化の遅れにあるのだろうか。ＩＴ環境をふくめた教育環境の整備が十分でないどころか貧弱であるのは事実だろう。環境整備を進めることに異論があるはずもない。問題は、デジタル化の遅れを克服するとの名目で進められている手法が、教育困難の核心を衝いているかどうかである。

「個別最適化」手法の特質を見るかぎり、教育DX構想は、成長・社会化過程を支える陶冶の課題をとらえ損なっている。デジタル化社会で活躍できる人材育成（開発）という目標自体が陶冶のあり方を考えるうえで視野狭窄に陥っていると言うべきだが、仮に人材育成という狭い目標観に立ってさえ、教育DXによってその目標が達成できるとは思えない。

なぜなら、〈つたえる－学ぶ〉関係の成立を支える現実的土台である子どもの〈生－生活〉について、とりわけそこでの困難について、教育DX構想は触れておらず、語るべき言葉をもたないからである。語ることを意図的に拒絶しているようにさえ映る（内面等の観念を排除するスキナー型の方法論からすれば当然であるが）。

新学習指導要領が「主体的で対話的な学び」を目標に掲げ、子どもの能動的な学習を促すとして、アクティブ・ラーニング等の手法を推進してきたのは、既存の教育手法では子どもの主体性や協同的なあり方を育てることが難しいと考えたからだろう。ところが、これらの課題を実現するために提案された手法・教育体制は、「個別最適化」プログラムをふくめ、見てきたように、掲げられた課題の達成に適切とは言えず、むしろ、逆効果をもたらしかねないものであった。

そうなってしまうのは、主体性や協同的なあり方を子どもたちが獲得することの困難、その理由や背景に関する検討が欠けているからである。

主体性や協同的なあり方を育てるという課題を、より広い視野に立って一般化するなら、〈社会人〉への陶冶と呼べるだろう。〈社会人〉とは、職に就いて経済的自立を遂げた人という通常の意味だけでなく、社会形成の主体として位置づけられ（権利を保障され）[*1]、そうした主体たるにふさわしい力を発揮できる人という意味をふくんでいる。主体性や協同的なあり方を育てることは、それゆえ、〈社会人〉への陶冶にとってゆるがせにできない本質的な内容なのである。

主体的に学ぶことや協同的に学ぶことの難しさは、たしかに、広い意味での教育体制に巣くってきた欠陥に起因する。「広い意味での」とは、「教室での勉強」に収れんする教育的いとなみだけでなく、子どもたちの社会生活で強い教育作用を帯び教育効果をもっていることがらを教育体制にふくめる必要があると思うからだ。

たとえば、学校生活に岩盤のように根づき克服されぬままの「いじめ」は、人間関係をめぐる知や他者にたいする振る舞い方に関して、強烈な「教育効果」をもっている。その教育効果は、「いじめはいけない」という公式的な言説（知）を容易に無力化してしまうし、協同的に振る舞うことを支配的な多数者に同調することへと変質させもする。

もちろんこれは協同性という価値の実現を妨げるから負の教育効果であるが、実質的で具体的な影響力をもち、協同的に学ぶ次元にも介入する。[*2]したがって、協同的な学びを目標に掲げるからには、「いじめ」の教育効果を無視することはできない。

勉強に収れんしない教育的いとなみには、当然ながら、学校外での子どもの活動がふくまれる。学校外へ視野を広げて教育的作用をもつ活動をとらえるべきという教育DX論の主張は、そのかぎりでは正しい。ただし、そうした教育作用の役割や機能をどのようにとらえるかについては、教育DX構想とはまったく異なる観点に立ってのことであるが。

教育ＤＸ構想では、概括すれば、民間の教育力を活用し公教育と融合させ人材開発の効率性を高めることがめざされている。そこには、学校外にさまざまなかたちで存在する教育的いとなみについて、〈社会人〉への陶冶にとってどのような効果を及ぼしているか、負の効果をふくめ検証する視点がない。学校外での教育機能が広範囲に及んでいるからこそ、それらをふくめ、どこに困難があるかを明確にすべきなのにそうなっていないのである。デジタル化を進めさえすれば「人材育成」が叶うという楽観的主張は幻想にすぎない。

〈社会人〉への陶冶という課題をデジタル化社会で活躍できる「人材育成」へと矮小化したために、教育ＤＸ構想はこうした錯誤に陥ったと言える。では、〈社会人〉への陶冶という課題――その内には主体性や協同性の涵養もふくまれる――を実現するうえで、いま、どこに困難があるのか、困難の性格は何か、その困難を突破するために教育の領域で必要な視点は何か。本章では、これらの論点について検討を加え、教育におけるケア的かかわり合いの意味について触れたい。

2 「生きづらさ」の現実にどう向き合うか

貧困という現実

〈社会人〉への陶冶という課題の実現に立ちはだかっている困難は、〈つたえる－学ぶ〉関係の革新に関する狭い理解ではとらえきれない。狭い理解とは、〈つたえる－学ぶ〉関係の革新を教育手法の課題としてのみとらえ、子どもの〈生－生活〉に食いこんでいる困難への視点をもたない理解を言う。

〈生－生活〉に食いこんでいる困難とは何か？

端的に言えば、成長・社会化過程に広く出現している「生きづらさ」の現実であり、この現実を反映する「生きづらさ」の感覚である。

「生きづらさ」の現実としてすぐさま思い浮かべられるのは子どもの貧困だろう。GIGAスクール構想にたいして、子ども一人ひとりの学習環境がどうなっているかを問い、貧困な環境におかれた子どもが置き去りにされることへの危惧が表明されるのは、この事実にもとづいている。学習環境だけでなく、子どもの生活全体が貧困のゆえに深刻な困難にさらされ、その現実が〈社会人〉への陶冶を妨げている。

公教育の領域であれ陶冶にかかわる民間教育の領域であれ、多くの子育て家庭、子どもが陥っている貧困の現実を排除することはできない。学校は、公式には貧困の現実を決してむきだしにさらしてはならない場所とされているが、そのように「表に出さない」操作を通じて、貧困の現実を子どもたちにつたえる場になっている。月額２０００～３０００円の部活費用を払えない状況で部活を義務づけるとすれば、部活選択は隠された貧困テストの意味を帯びるだろう。いや、すでに、放課後の活動として部活があることによって、学校生活内に貧困・格差の現実がもちこまれているのである。

部活が教育的に意義をもたないと主張しているのではない。学校教育・学校生活の場に否応なく入りこむ貧困という現実を陶冶にかかわる教育上の問題として受けとめるべきだと主張したいのだ。そう考えるなら、たとえば、労働法規を無視したバイト先での酷使や貧困ビジネスと言うべき働かせ方への警戒や対処を高校教育の一環に位置づけるのは当然だろう。バイト禁止の校則は、貧困を排除できる「上級高校」だという宣言に等しい。[*3]

子どもの貧困を受けとめる教育は、学業継続の困難にたいする対処を超え、就業や家族支援、妊娠、疾病等への対策まで視野に収めることを要求する。貧困の現れは複合的であるから、学校生活に直接現れる困難を入り口に一筋縄ではゆかない入り組んだ困難の数々に直面せざるをえない。それらをすべて解決できるか否かではなく、それらを教育に課せられた課題として受けとめられるか否かが問われるということだ。

ここで重要なのは、貧困という現実が教育の場にかかわるすべての人々、子どもたちにとって当事者性のあることがらだという点である。「私は貧困には無縁だ」という当事者性の否認は、とりわけ教育上の課題として貧困という現実を受けとめようとするかぎり、通用しない。その否認が、貧困とは無縁に生きられる状況・地位の表明になっており、貧困という現実へのかかわり方を示している。そうした関係（距離感覚）もまた貧困を受けとめる教育の対象となる。

この観点に立つなら、「個別最適化」アプローチによって貧困に対処することの愚も了解されるだろう。貧困による困難に見舞われている本人以外は貧困問題とは無縁だというメッセージを事実上つたえることになる「個別最適化」アプローチは、教育上、有害ですらある。

「生きづらさ」の現実は貧困という領域にだけ現れるわけではない。障がいをもつことによる困難、民族的背景を理由とする差別、社会的少数派に属することに由来する困難などなど、子どもの成長・社会化過程に入りこんでくる多くの困難は、〈社会人〉への陶冶という目的に照らして、教育上でも避けて通れない課題であり、問題・困難の特徴を踏まえた対処が必要である。要するに、子どもの〈生－生活〉上でリアルに出現するそれらの問題への教育的アプローチが不可欠ということだ。

「個別最適化」アプローチは、この不可欠な教育課題を教育の場から排除し、「個人的問題」の個人的解決へと誘導する。それで「解決」できたとしても、〈社会人〉への陶冶という目的を果たしたとは言えないのである。

「苦しい」「死にたい」「もう消えたい」を受けとめる

「生きづらさ」の現実を反映する感覚の問題について考えよう。

直接の行動には出なくても、「苦しい」「消えたい」「もう死にたい」……とつぶやく膨大な子どもたちがいる。たとえ匿名のSNS投稿でも、そうつぶやくことができるなら、気づかれる可能性があるだけ、まだよい。「死にたい」という感情の多くは、外界に向けて表出されずに沈黙の内に溶かしこまれ消失してゆく。気づかれることへの恐れもある。そんな気持ちに勘づかれるのは、「普通に」生きられない自分のダメさ加減を知られることだから、「だいじょうぶです」と外面を取り繕うのに全

20代女性の4人に1人が「本気で自殺したいと考えたことがある」

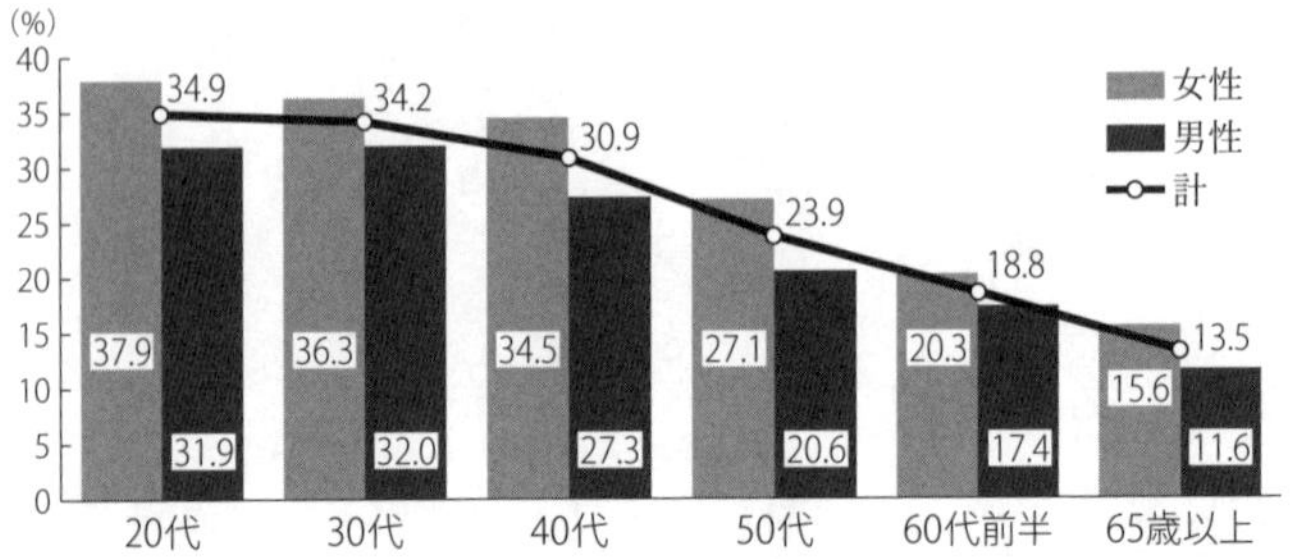

出所）日本財団自殺意識調査，2016年。

力を尽くす。

他者が気づくか否かを問わず、「死にたい」と考えつめてしまう経験は、子どもたちの成長過程でありふれた現象と言える。「本気で自殺したいと考えたことがある」20代女性37・9％という調査報告（日本財団自殺意識調査、２０１６年）はこれを裏づけている（図）。

「死にたい」をふくむ「生きにくさ」感覚の背景は、もちろん一律ではない。自分がそう感じてしまう理由や背景を突きとめることも受け入れたくない——それもふくめての「消えたい」「死にたい」という「自己主張」の場合もある。下記はその一例だ。

「今も死にたい。今すぐとかじゃないケドチャンスがあればいつでも逝きたい理由は重なり過ぎて重すぎて口に出すのが怖い。

自分の生き方考え方は正直甘い。ワガママの上で生きていて変にプライドみたいなのがあって口ばかりマイナスな考えばかり頭によぎって、でもはりきりすぎて失敗する……これの繰り返しだった気がする確かな目標が有るわけでもなく明日生きてる理由、意味、生きたい気持ちがないままズルズルときて、ダラシナイそれならいっそう……って思う人生にしてきたナッタではなくしてきた。意図的ではナイケドなったは誰かに責任押しつけてるみたいで嫌だからあえて……ガキな考え方だけどあたしには有りな生き方だった。切りのイイところで終わらした方がいいのかなぁって」[*4]。

「生きづらさ」の感覚には、また、「つらい」「しんどい」といった苦痛の自覚を遮断する効果がある。あまりにつらいからこそ、そのつらさを消し去る意識操作として、「消えたい」「死にたい」願望（希望）が浮上する。「生きづらさ」の表明はつらさをつたえる単純なかたちをとらないということだ。[*5]「生きづらさ」の感覚は、それと気づかれにくい状態で、現代日本の若年層に広く深く浸透している。若年層の意識に関する国際比較でも、「生きづらさ」感覚を反映する孤立感は異常と言えるほどに強い。社会的かかわりを制約するコロナ禍によって、こうした状況はさらに深刻になった。社会人への陶冶という課題にとってゆるがせにできない事態が進行しているのだ。

どのような学びも当人が生きる場・状況に埋めこまれているから、「生きづらさ」の感覚が支配する場では、それでも可能な学びのあり方を探求しなければならない。「生きづらさ」の解消を教育次元とは異なる別の課題として扱うことはできない。

「生きるのに難儀な状態を解消しなければ〈つたえる－学ぶ〉関係など成り立ちようがないのだから、まず、その難儀な状態を解消すべく努力しなければ」と考えるのは、もちろん、正しい。しかし、その努力を〈つたえる－学ぶ〉関係と切り離してしまうのはまちがいである。「生きづらさ」を生む社会的・生活史的背景を明らかにして、「生きづらさ」の原因となっている要因を除去すれば「消えたい」「死にたい」……という感覚が消え去るとはかぎらない。「原因を探り、困難の原因になっている障害を取り除いて解決する」というアプローチだけでは取り除けない苦境の次元[*6]がある。

では、どうすれば学ぶこと、知ることが「生きづらさ」の感覚を変容させるようにはたらくのだろうか。これは、生きることをどのように学べるのかという問いでもある。

「データで確認できる興味・関心」に応じた課題を提供できるならば、「自発的な」（主体的な）学びを喚起できるはずだというのが「個別最適化」手法の想定であった。「データで確認できる興味・関心」を探り当てれば、その時点で「生きづらさ」の感覚は存在しないも同然ということである。しかし、ここで問題にしている「生きづらさ」とは、知ること・学ぶことへの「興味」とは乖離して居座り続ける感覚にほかならない。興味・関心を寄せる自分とは別のところにいる「消えたい」「死にたい」自分、楽しく笑っているが楽しくない自分――そういう次元の「生」に食いこむ学びが「個別最適化」手法によって実現できるとは思えない。

学ぶこと・知ることが人の内面を触発して生きることの変容につながる回路は、現代社会ではきわめて脆弱になっている。さまざまな情報を受けとれる環境の飛躍的な発達によって、私たちは、過去の人々が想像しえぬほど膨大な情報に日々接している。知らないでいることが難しい世界におかれ、入ってくる情報にいちいち気持ちが左右されぬ「スキル」さえも必要になる。「主体的」であるためには、あふれる情報を自分が生きる現実から切り離しておくことが必要だということにもなる。

子どもたちもまた、そうした情報環境に早くからおかれている。学ぶこと・知ることが自分の生きる現実に響くような関係、何かを知らされることで自分という存在が揺さぶられるような関係は、真偽が混ざり合う膨大な情報をとりあえずフラットに受けとらなければ処理しきれない情報環境では、かえってつくられにくい。学ぶこと・知ることを自己の生を脅かすような位置におかずにいるほうが安心でき、「積極的」にもなれるのだ。

さらに踏みこんで考えるなら、自分が動きやすく決めやすいように学び、知ることの範囲を限定しないと「主体的」にはなれない。生きることを支えるのは、そのように「生きられる現実」を自前で生み出せる自分の意志、頑張りだけだと感じる。学ぶこと・知ることが自分の頑張りに支えられた世界に介入すると、かえって、「主体性」が奪われるかのように感じてしまうのである。

学ぶ・知るいとなみには、自分の意志では動かせない現実への直面、すなわち、自分が受動的な位置にあることの受容という次元が存在する。いつもポジティヴであり続ける「主体性」はそこでは通用しない。学び・知るいとなみのこの受動的な局面は、自分自身の生にたいするポジティヴな関係をもてない「生きづらさ」と、ある種の共通性を帯びているように見える。「生きづらさ」の感覚にひそむ、生きる現実の感受という次元につながる学びのかたちがあるのではないかということだ。問われるべきは両者をつなぐ教育的回路の探究であろう。

3　ケア的かかわりを教育関係に呼び戻す

生存権保障の教育

「生きづらさ」の感覚を克服することが教育関係にとって不可欠の課題だとすれば、子どもたち誰もが自分のいる場所で生きられるための学びが組織されねばならない。すなわち、生存権保障としての教育構想が必要である。

教育貧困が一典型であるが、教育分野における生存権保障は、主として、平等な学びを保障する教育環境の整備に焦点をあててきた。それは正当な理解であるが、同時に、環境整備の課題が〈つたえる—学ぶ〉プロセスや学びの内実と密接にかかわる点に注意すべきだろう。教育ＤＸ構想が反面教師として示しているように、教育環境の変更・変化は教育関係の内容にも影響を及ぼさずにはおかない。生存権保障としての教育構想には、何をどのように学ぶのか、つたえるのかに関するヴィジョン、アイディアがふくまれねばならない。

生存権は各人の生存を抽象的に認める理念にとどまらない。具体的な生のさまざまな様相に立ち入って、生の人間的なあり方を究明し保障しようとする理念だ。したがって、生存権は、あらかじめ整えられたという意味での理念的な体系なのではなく、各人の生活に即し生存権の中身を具体的に確保する努力を通じて、発見され豊富化されてゆく体系である。[*7]

では、〈つたえる－学ぶ〉プロセスにおいて生存権の保障という要請はどのように具体化されるだろうか。

子どもの生を支えるいとなみであるべき教育関係は、少なくとも以下の観点がつらぬかれるべきであろう。

「すべての子どもの生を等しく肯定すること」
「子どもの生の多様性を尊重し保障すること」
「子どもの生きる現実に根ざすこと」
「子どもの生きる現実から発する声・要求[*8]との応答関係を保障すること」

ここにあげた観点は、〈つたえる－学ぶ〉プロセスで守るべき規範にとどまらない。つたえ方、学び方のみならず、何をつたえるか・学ぶかという課題設定にもつらぬかれるべき観点である。

教育DX構想が「人材開発」という狭く一面的な目標を立てるのにたいして、〈社会人〉への陶冶を目的とする教育構想の必要を述べた。生存権保障に関する前記の観点はこの構想を具体化する理念的土台にほかならない。〈社会人〉への陶冶という課題を実現する基点は「社会の一員と認められ処遇されること」である。言い換えれば、社会形成の主体として位置づけられることであり、政治的には主権者と認められることだ。

社会の一員と認められ社会的主体として活動できるようにする教育は市民権教育と呼ばれる。市民権の解釈をふくむ市民権教育の内容については種々の議論があり、ここではそれに立ち入らない。〈社会人〉への陶冶という目的観に立つとき、市民権教育が政治的な権利主体にかかわることがらにとどまらない内容的広がりをもつ点だけ指摘したい。たとえば、企業市民の責任についてつたえること、学ぶことは、市民権教育のひとつであること等々。

社会の一員に認められ社会的主体として活動できるようにする教育とは、しばしば誤解されるような、「それだけの能力を身につけさせることで主権者や社会的主体にする教育」ではない。たとえば、「自分の言いたいことをきちんと説明できてはじめて主権者だ」という主張はこうした誤解の一例——個体能力観にもとづくこの類いの主張は現在の日本社会に浸透している——で、この主張に従えば、自己の意思を説明する「能力」のない存在は主権者とはみなされないことになる。

「すべての子どもの生を等しく肯定する」という観点に立てば、この主張の誤りは明らかだろう。小学生であれ中学生であれ、すべての子どもは社会の一成員であり、彼ら彼女らは社会をつくるいとなみに参加できる。社会人たる能力、主権者たる能力をもたないという理由で子どもを社会から排除することはできない。

市民権教育は、〈社会人〉としてのそうした権利を子どもたちが行使できるよう支えるしくみのひとつである。〈つたえる－学ぶ〉教育過程をこの権利行使と切り離してはならない。「社会の一員として認められているのだ」とつたえることは、子どもたちが自らの現実に即して社会をつくろうとする行動と切り離せない。「子どもの生きる現実に根ざす」社会形成の諸問題を〈つたえる－学ぶ〉教育過程にどれだけ位置づけられるか、組みこめているかが問われるということだ。

子どもたち誰もが社会の一員と認められるとは、誰一人として社会から排除されないことを意味する。誰かが排除されている状態は、したがって、社会をかたちづくっている成員すべてにかかわる問題となる。この点を念頭におけば、いじめの存在が市民権教育を無力化し、生存権保障の教育を空洞化させることは明らかだろう。

もちろん、事はいじめに限られるものではない。〈社会人〉への陶冶を目的とする教育的いとなみは、子どもたちの生活現実に根ざすさまざまな主題から乖離したかたちで進めることができない。生活−社会組織でもある学校という場に出現する問題はもちろん、子どもの生活のあちこちで持ち上がる問題は、彼ら彼女らが実践的に解決を迫られる課題であると同時に、〈つたえる−学ぶ〉過程上に取り出されるべき主題でもある。その意味では、市民権教育は、「教育」という壁の内側に押しこめられた学校を社会へと近づける方法論、手段なのである。

日本の子どもたちは、自分が社会の一員だと感じられる機会・環境をもちにくい。社会への帰属感覚は、欧米諸国に比し、きわだって低い。そうなる背景には、日本では、社会人というあり方が、もっぱら、「職に就き経済的に自立していること」として理解され、政治行動をふくむ社会参画を社会人に不可欠ととらえられない現実がある。この現実を前提にすると、〈社会人〉への陶冶は職業的自立を遂げること（職業的社会化）へと一面化され、かつ、職業人としての「自立」をめざす教育から生存権保障の教育という観点が抜け落ちてしまう。

職業的自立の獲得に向けた教育に、社会への帰属感覚を養う大きな力があるのは事実だから[9]、たとえ一面的であっても、職業的社会化を果たすために〈つたえる－学ぶ〉過程には重要な意義がある。この過程に生存権保障にかかわる課題を組み入れる可能性が開けている点にも注意したい。しかし、同時に、市民権教育の次元を欠いた〈社会人〉への陶冶は、社会的主体として自己を位置づけさせず、社会的現実とのリアルなかかわりを失わせてしまう。

教育におけるケア関係の射程

自分とのかかわりで「社会」を考えるとき、以上の前提で現れる社会像は、子どもたちにとって、自分を動かし悩ませたり救ったりもする存在ではない。要するに自分の生に介入（コミット）する現実ではないのである。そして、学校教育の場で公式的につたえられるそうした社会像とは無縁に、自分をそこに位置づけられるような自前の「社会」をつくり出そうとする。そうするしかない。

ピアグループを核とする、この自前の社会（ウチらの社会）は、互いのかかわり合いを規律する独自のメカニズム[10]にもとづいており、そこでの社会成員とみなされるために必要なスキル獲得（陶冶）は、〈社会人〉への陶冶に関する正統なプロセスから「逸脱」している。どれだけ「逸脱」していようが、それが自分を位置づけられる社会に接近する唯一の手段なのである。

子どもたちがつくり出す自前の社会が「誰の生も等しく肯定する」保障を与えられるなら、それはそれで、〈社会人〉への陶冶に関する代替的な回路と言えるだろう。実際、友人関係をひとつのステップにより広い社会へと渡ってゆく事例は数多い。生存権保障の教育がそうした架橋を可能にすることも見落とすべきではない。ただし、子どもたちの親密な社会圏が、その内に深刻な葛藤、矛盾をはらむことも見逃してはならない。「誰の生も等しく肯定する」保障がこの「社会」で確立されているわけではないからだ。

子どもが自前の社会を生み出せるのは、自分たちの現実に根ざしているからであり、「みんなで仲良く」「一緒に行動する」といった社会形成上の規範を受容したからではない。必要に迫られ自己の居場所を確保しようと互いに努力する、その結果が自前の社会に結実するのだ。それゆえ、この社会からも排除される事態がきわめて深刻なことは了解できよう。自前の社会、すなわち、「自分たちの努力でつくられたつながりだ」という前提は、その社会からも排除される事態は自分の責任という自己責任感覚をスムーズに受け入れさせる。自前の社会に特有のメカニズムを通じ、新自由主義的な自己責任感覚が浸透するのである。

市民権教育が保障しようとする社会的な支えは、こうした排除の現実に、直接には届かない。「残念な」あるいは「イタい」存在に向けられる蔑称は、貧困のような経済的苦境であれ、病やすがたかたち、もろもろの性格にいたるまで、すべて、「そう呼ばれても仕方ないと思わせる欠陥」を対象者に刻みつける。子どもたちの社会で「欠陥」とみなされ排除を招く対象は広範で、ほとんどのような言動、性格にたいしても排除ははたらきうる。孤立感や「生きづらさ」感覚が日本の子ども・若者に普遍的と言ってよいほど浸透しているのは、このような背景によるものだろう。

では、深い根をもつこの「生きづらさ」感覚や孤立感を克服する教育的回路はあるのだろうか?自分の「ダメさ」が排除を招いたのだという自認には、自分の「無力」を認めることで最低限の尊厳を保とうとする「主体的な」側面がある。自身の「無価値」をわかっており、そう認められる自己がいるという一点に自尊心の余地を見出す尊厳確保の戦術である。もちろん、「無力」の自認には、「お前(あいつ)はダメと思われて当然の存在なのだ」という他者からの視線が必ず介在しているから、最低限の尊厳を保とうとする努力は、自分の「無力」を自ら固定化することになる。ただ、そうした結果を招くにせよ、自己の尊厳の確保という意思がはたらいている可能性に注意すべきだ。

誰もが尊厳を保てる社会へと子どもたちを位置づかせること——これが、以上の検討から浮かび上がる課題(教育上の主題であり社会的主題)ではないだろうか。

この課題の追求が、「あなたには尊厳がある、他の人と同じように人間として尊重されるんだよ」という言葉だけで果たされないのは自明だろう。尊厳が保ちにくい現実にたいしてどのような介入〈コミットメント〉をなしうるのか、〈つたえる—学ぶ〉教育過程に組みこむ介入構想が不可欠なのである。

尊厳の確保(再生)に不可欠な介入の理念的核心としてケア的なかかわり合い(ケア関係)をあげたい。この課題を学習以前、教育以前のことがらとみなすのは正しくない。尊厳の確保という課題を避ける教育プロセスでは、〈つたえる—学ぶ〉内容と子どもの生きる現実との結びつきが断ち切られるからである。学ぶこと・知ることが生きることと乖離してしまう状況では、「認識の正しさ」が自らの人間（社会人）たる資格の確証にはならない。学ぶ価値も知る価値も、学び知ろうとする者の尊厳が保たれる場、環境があってこそ、はじめて納得でき、胸に落ちるからだ。

こう考えると、尊厳の確保（再生）を具体的に追求する教育関係としてのケア関係の意義が了解されよう。〈つたえる－学ぶ〉プロセスに本来埋めこまれているはずのケア的かかわり合いの領域が、教育DX構想のみならず、近年の学校教育では教育外の課題のように扱われてきた。ケア的かかわり合いに焦点をあてる「生活指導」は、それでもまだ、教育の一部に位置づけられてはいる[*11]。しかし、生活指導上の問題（問題行動等）が学習過程をかく乱する要因とみなされ、ゼロトレランス方式に代表される排除の対象とされはじめたことは周知のとおりである。

ケア関係が〈つたえる－学ぶ〉過程にどれだけ深く組みこまれているかは、いわゆる教育実践記録からよくうかがうことができる。「どのようにつたえるか・学ぶか」も、「何をつたえるか・学ぶか」も、その「実践」（現実的なすがた）にあっては、ケア的かかわり合いを不可欠な要素としている。教育的はたらきかけが子どもの学びを触発できるためには、たとえば、「どうせ自分は頭が悪いから勉強してもムダ」「多少勉強したところで自分の将来、たかが知れてる」……といったあきらめ方、彼女ないし彼にとっての現実から発する「確信」と対面[*12]しなければならない。そしてその対面には、ケア的なかかわり合いの次元が存在している。実践記録をたどるならば、豊富なケア関係が盛りこまれた教育のすがたを確認できるはずだ。

「生きづらさ」の感覚と現実とが若年層のあいだに行き渡っていることを踏まえた〈社会人〉への陶

治は、ケア関係が活きてはたらくような〈場〉の創出を必要とする。容易に身動きできない、自分たちの困難を社会に向けて「啓《ひら》いて」ゆく道すじがわからない――そんな状況におかれた「当事者」たちの「可動範囲」を広げ、それぞれの苦境を自分の内側に閉じこめず声をあげてゆける「場」がどのように生起し、どんな特徴をそなえているか検討するということである。

「生活や家族や自分というものを人質に、尊厳を怒りを奪われることで、何とか生きている労働者に必要なのは、ヒーローでも自己啓発でも無償の愛でもない。文句を言える空気と場をつくることだ」[*13]。

右の指摘の「労働者」を「子ども」と言い換えれば、そのまま尊厳保障の教育構想につながるだろう。「苦しい」「いやだ」「消えたい」……社会退出の「願望」と振る舞いとを引き受ける〈場〉の力を教育はどうすれば取り戻せるのか、それこそが課題なのである。

「生きづらさ」の感覚が映し出す子どもの生の葛藤や矛盾を、克服すべき欠陥という固定した位置に押しこめる「個別最適化」プログラムはこの課題を解決できない。「うまくものが言えない」のは「きちんと自分の感じていることを言える」主体の未熟ではない。うまく言えない部分（それは必ずある）を圧し殺し、ないものとして忘れ去るような「主体性」の涵養は、そうできない感覚にひそむ未発の力を排除する。言葉に詰まり言いよどむ、突っこまれるスキがある、決められない、不器用で何ごとも遅い……今日の学校体制下で否定的にのみ評価されるそれらは、人の社会的なかまえ――人間の生に根源的な条件――の迂回的な発現形態にほかならない。「自分殺し」とでも言えそうな、相手に何も気取らせない無表情や、自己をその場から切り離す乖離的振る舞い、淡々と教育秩序に従う身体扱い等々は、学校体制への見事な順応でありながら、同時に、その恭順が、学校体制が求める主体性や社会性を内側から無力化してもいる。

個体能力の欠陥とだけみなされる子どもたちの振る舞いは、しかし、不完全さゆえに、突っこむ、言い直す、一緒に決める……といった振る舞いを触発する。つまり、他者がその場にいられる「余地」を保障している。そういう「開かれた場」の力に支えられてケア的なかかわり合いは育つ。「見守る」、「そばにたたずむ」、「その場で解決しない」、無意味に見えるお喋りが暗に意味している沈黙を感じとる……といった教育的「はたらきかけ」は、子どもたちがその場にいられる余地をつくるケア的振る舞いなのである。[*14] すなわち、それは、ケア関係を通じて尊厳の獲得に関する社会の水準を高める実践にほかならない。

教育におけるケア関係の取り戻しという論点にかかわって、尊厳保障の教育構想では、教育者の社会的協同が不可欠であることを付け加えよう。〈つたえる－学ぶ〉過程に組みこまれるケア的なかかわり合いは、子どもと教師との個別化された教育関係だけでは豊かに育たないからである。人にたいする直接のはたらきかけが中心にすわっているケアのいとなみは協同作業でなければ不可能なのであり、「カリスマ教師」による「最適」な教育をモデルにすればよいというわけにはゆかない。

「自分にはわからないこと、できないことがある」という前提のもとにつくられる〈つたえる－学ぶ〉過程は、それぞれに異なる手法や思考でこの過程にかかわる複数の「教師」たちを必要とする。そしてそれらの教師たちのつながりにもケア関係の次元が常在している。教育にかかわる者同士のケア的なかかわり合いがどうであるかによって、〈つたえる－学ぶ〉過程の質が左右されるのだ。上意下達型の統制はもちろん、成果主義にもとづく教員評価・統制は、尊厳保障の教育そのものを破壊する。

4　生きることと学ぶことの断絶を克服する――制度知・実用（生活）知をめぐる対抗

子どもたちが生きる現場ではたらく知とは

どんなに優れた教育であっても、生きることそのものを確実に教えることはできない――教育の限界に関するこの指摘は正しい。しかし、同時に、教育が「生きづらさ」の感覚と現実とを受けとめるべきだとしたら、「受けとめる」というはたらきの内実が問われるだろう。

一人ひとりの困難や葛藤を内面に閉じこめず社会へと開いてゆく手法・回路を明らかにするという課題である。

リア充型ライフコースの推奨や堅実な努力の強調によって「生きづらさ」の感覚を解消することは

できない。「生きづらさ」の感覚と現実は、日々の「小さなあきらめ」とそのあきらめを引き起こす現実の巨大な堆積だからである。生きることへの、この、分厚く強固な断念にたいして、「生きてゆけるからだいじょうぶ」、「きっと乗り越えられる」……といった「巨大な」励ましがすぐさま通用すると考えるのもまちがいだ。日々の「小さなあきらめ」が出現する事態・状況に目を凝らし、一つひとつ、そのあきらめにストップをかけ、「それでも生きてゆける」小さな経験を堆積させること――それが、困難や葛藤を社会へと開いてゆく具体的で実践的な回路である。

たとえば、身体が動かない（タリい、疲れた）、心が動かない（やる気が出ない、ウザい）、それでも学校では動かされるから、最初から「疲れたぁー」と言っておく――つまり、「疲れて意欲がない」状態を生活のデフォルトに設定してみせる子どもたちに、「それでも生きてゆける」経験の場はどうすればつくれるのか。

この、いわば「サボタージュ宣言」を受けとめ、用がなくても「まったり」できる場の案出はひとつの手立てだ。保健室は、「固い」学校空間内で、しばしば、そういう場の役割を果たしている。「心」を受けとめ包みこんでいる身体も、たんなる容器ではなく、生きる感覚（楽しいことも苦しいことも）がリアルに棲息する場であるから、身体の「おき所」をつくることも、「生きてゆける」経験を可能にするだろう。

自分を「やさしく」受けとめてくれる存在に頼ることも心身のおき所をつくる。心身で確かめたはずのその「やさしさ」には、しかし、罠が潜んでいる。「やさしい」と信じたカレシが裏切る、友だちが豹変する。それが予期できるから、最初から誰にも頼らず、信じないほうがよい。「だいじょうぶです」という常套語はこれを反映している。

このような「あきらめの堆積」を解きほぐし、「誰が（何が）信頼に値するのか」を確かめる作業も、些事《さじ》に見えるいとなみの積み重ねに拠るほかない。「生きづらさ」へのそうした対抗像は、現代日本の文化、とりわけ子ども・若者向け文化作品で追求され、膨大な蓄積がある。また、親密圏での人間関係（最初やさしかったカレシが暴力を振るうようになった、家庭内でのハラスメントがひどい……）に対処する臨床的場面でも、こうしたいとなみが行われている。〈つたえる－学ぶ〉教育もこのいとなみの内に位置づけられなければ、「生きづらさ」の感覚を受けとめることはできない。

以上から確認できるのは、ケア関係を不可欠の一部とする尊厳保障の教育がたんに理念の提唱にとどまるものではなく、子どもたちの生きる現実とかみ合う実践的で実用的な性格を帯びていることである。

ケア的なかかわり合いの領域ではたらく臨床の知や〈つたえる－学ぶ〉関係が実践的な性格を帯びていることは誰でも了解できるだろう。しかし、教育が果たすべき役割に焦点があてられたとたんに、それらは、困難への対処という限定された領域ないし実用性はあるが「普遍性」をもたない領域の特徴とみなされてしまう。人材開発論のような教育構想では、傍流で「格下」の「教育」として扱われるのである。

学校教育に色濃く存続しているこのヒエラルキーのもとでは、生存権や市民権といった理念を子どもたちの生とリアルにつなぐ教育的課題が看過される。それらの課題を〈つたえる－学ぶ〉重要な舞台であるはずの養護教育や生活教育は、「実用知の教育」と貶《おとし》められる[*15]。さらにまた、職業人として社会に位置づく過程（職業的社会化）で習得する（習得すべき）力も、もっぱら実用的な知、職業スキルと考えられ、実用主義的教育の枠内に押しこめられる。

こうした理解に、実用知――実用知と制度知とは異なるが、ここでは社会制度に関する多くの知をふくものとしている――にたいする浅薄で一面的な把握がひそんでいるのは明確だ。「浅薄」というのは、この把握が、普遍性や体系性を備えた教養と実用知・生活知を区分し前者の価値的優位を主張する近代の知識像[*16]に無批判だからである。この把握はまた、ケア関係を核に据える（据えざるをえない）教育の劣位と、大半の実用知・生活知の劣位とを正当化する近代能力主義によく照応する。

実用知へのこのような蔑視は、〈社会人〉への陶冶という教育課題の核心部分にたいする皮相な理解をもたらす。制度知・実用（生活）知の獲得は、一般に教養と理解されている知の獲得と密接に結びついており、両者の獲得過程は重合している。実用的スキル習得の場とみなされる専門学校での学びに関する大規模調査[*17]からわかるのは、職業的レリバンスを踏まえた「学びの再発見」という特徴である。社会人として職業世界を渡ってゆくために有用な力は実用的スキルとしてイメージされる内容よりもずっと広く、生存権保障の教育が対象とする多くの主題をふくむ。それらは〈社会人〉に必要かつ有用な教養と特徴づけることができる。専門学校における「学びの再発見」とは、高校までの「勉強」で見失われてきた教養の発見をも意味している。

生存権保障の教育構想は、学校知の主流に位置づけられてきた「教養知」と傍流の「実用知」という不毛な区分を乗り越え、生きることと知ること（学ぶこと）の新たな関係をつくり出さねばならない。それは、いわゆる教養教育に向けられる新自由主義的な非難にたいし、教養を社会的に有用で実践的な力として再建する課題をもふくんでいる。たとえば、板書をノートに写す作業（学校時代の長年にわたる訓練だ）、つまり学校知の習得を、生活のあらゆる場面で有用な力を発揮する「聞いた話の要点をまとめメモをとる」力と確実に結びつける等々。概括すれば、子どもたちの生活圏で起きる数々の紛争・葛藤に具体的に対処できる力としての民主主義を学校教育の主題に据えるという課題である。

以上から、制度知・実用（生活）知の獲得が生活上のさまざまなスキル訓練にとどまらないことは明白だろう。「労働時間の計算は1分単位」「かけ持ちのバイトで1日8時間を超えて働いたなら割増賃金」……といった「ルール」を自分の現実とかかわらせて知った若者は、同時に、たとえ「ルール」があっても現実はルールを押しつぶし、違法な働き方を強いるのだということも「学ぶ」。理不尽な現実のほうを変えぬかぎり、ルールなど役に立たないという結論に陥りかねない。労働時間規制についての知は、規制の具体化をめぐる実践的課題と切り離せない。そして後者の課題は情報をつたえるだけではすまない。制度が実際に機能しない環境・社会を直視・批判し、かつそこで生きのびるための技法や戦術をも視野に収めた働き方・生き方をつたえねばならないからだ。

制度知・実用（生活）知のこうした位置づけは人材開発型の教育構想に組みこまれた実用主義に対抗するうえでも重要である。キャリア教育やインターンシップなどにつらぬかれている新自由主義的な陶冶像、能力主義と格差の正当化にたいするオルタナティヴの提示である。たとえば、高校生への金融教育義務化や子ども向け投資教育の推進には、家計・預金を投資に振り向けさせようとする政策的意図が露骨にはたらいている。

新自由主義政策を背景とした実用知習得へのこうした誘導にたいし、実用主義批判で対抗するのでは不十分である。自己責任にもとづく金融資産の運用を普通の生活内に持ちこませるこうした「能力開発」にたいし、「生活する場とそこで普通に生きられるしくみを実現する」具体的な力の獲得課題が対置されねばならない。金融システムや財政制度、グローバル市場のメカニズム等に関する情報としての知をつたえるだけでは、現実の生活にかかわるこの対抗に気づかせることはできない。たとえば、勤労学生控除や配偶者控除制度についての知は、「普通に生きられるしくみ」を考えるうえで重要な教育的主題であるにもかかわらず、それらが〈社会人〉への陶冶に必須のことがらとして主題に据えられることはまずない。労働の場面でも、生活の場面でも、制度知・実用（生活）知をめぐる具体的で切実な対抗が主題化されずに、スキルの習得や訓練という狭い領域に閉じこめられてしまうのである。

ルールがあるから生きてゆける

生存権保障の教育構想にもとづく制度知・実用知の獲得を追求するさい、現在の日本社会で制度・ルールが果たしている役割、機能に関する認識の矛盾、二重性に注意を払う必要がある。「ルール・

制度があること」、「ルール・制度を守ること」を子ども自身が強く求め、ルールを破る振る舞いは子どもたちのあいだでたちまち非難を浴びる。どんなルールなのか、そういう振る舞いに出る理由や背景は何か……といった事情は斟酌《しんしゃく》されずに、「そう決まっているのだから」という相互的な縛りが大変にきつい。

「ルール順守」への、この強烈な要求は権威主義的態度と呼ばれ、権威主義的社会秩序の強さを表す一指標とされる。規範意識に関する調査から若年層における権威主義的態度の高まりが、近年、指摘されており、*18 上述の「相互的縛り」もその現れのひとつと言えるかもしれない。

この状況は、「規範意識の醸成」を促す強い指導（文科省初等中等教育局通知「児童生徒の規範意識の醸成に向けた生徒指導の充実について」2006年等）が教育現場に浸透してきたことと、おそらく無関係ではないだろう。道徳教育をふくめ、権威主義的態度を上から植えつける政策が強力に推進され、「ルール順守」という政策目標が教育上の課題として、つまり教育内容に介入するかたちで追求されてきたことは周知のとおりだ。規範意識の内面化がこうした動向とどうかかわっているかについての詳しい検証が必要であるが、「ルール・制度を破ってはならない」という行動基準の具体化が学校という社会でもっとも強く出現していることは事実である。

しかし、それだけでなく、「ルール・制度を守ること」への子どもたちの強い要求には、別の側面がある。自分の将来、社会の将来をふくめ社会生活全般にわたって不安定感の増大や社会秩序の揺らぎにたいする不安の存在が「ルールを求める心性」につながっている可能性である。要するに、日本社会の新自由主義化に起因するライフコースや生活現実の動揺が、ルールや制度の力による不安の解消要求を生んでいるということだ。「ルールがあることで生活が守られるのだからそのルールを壊したくない」という感覚である。

たとえば、以下の投書はそうした感覚の表明のように思える。

「先日、「#制服廃止」の投稿がツイッター上でトレンド入りしていた。その中で「バズっていた」（話題となって広まった）ツイートのひとつに、「制服は貧富の差やファッションレベルの差を隠してくれる」という意見があり、まさしくその通りだと共感した。

私は、初等部、中等部、高等部を擁する私立大学の附属高校に通っている。ここでは、生徒の家庭環境や金銭感覚において、差異を感じることが多々ある。そのような学校という空間で、制服は私たちの格差を隠し、護ってくれるツールとして機能している。……（中略）……制服が服装の自由を制限しているといった意見もあるが、そもそも服装を自由に選ぶことすらできない人がいることに目を向けるべきであると考える[*19]」。

地毛の色を無視した茶髪禁止の校則など、あまりにも理不尽な校則にたいする反発はもちろんあるにせよ、「服装の自由が格差や差別を可視化させるから嫌だ」という感覚もまた存在する。これもまた、生活の現実に根ざした切実な感覚だろう。ラン活から成人式の晴れ着競争にいたるまで、入学式、卒業式といった折々のイベントが、野放しの「格差展示会」になりかねない現実を考えれば、「格差を隠し、護ってくれるツール」としての「ルール」が求められるのは当然ではないのか。

自分たちがおかれた弱い立場や困難な状況を解消させる制度・ルールが求められるのは当然である。問題はどのような制度・ルールなのかであり、制度やルールが何のため誰のためにどう機能しているかである。「制度・ルールを守れ」という主張には、自分の生を安定させる土台が必要だという要求がひそんでいるのだから、その要求を受けとめ教育の主題として〈つたえる－学ぶ〉過程に具体化させなければならない。「自分の生きる場」が深く脅かされる現実にたいし、どんな制度やルールが身近な生活を生きやすいすがたに変えられるのか、使える制度・ルールは何か、自分たちを守る制度やルールにはどんな特徴があるか――これらを問いかけ学ぶ場としての教育が求められている。

〈社会人〉への陶冶を目的とし、生存権保障の教育をつらぬこうとする教育構想は、子どもたちの生がおかれている現実、そこから生まれる困難や葛藤に介入（コミット）せざるをえない。教育DX構想の中心的理念である個別最適化論は〈つたえる－学ぶ〉過程を個別化させることによって、子どもたちの生の社会的次元に現れる困難や葛藤を抹消してしまう。教育は子どもが生きる現実にコミットする場ではないということだ。〈社会人〉への陶冶を阻害する発想とさえ言えるだろう。子どもの生きる現実を教育の場がどう引き受けるのかをめぐって、〈社会人〉への陶冶という教育構想と教育DX構想とは、理念的にも実践的にも、きびしく対立している。

教育関係が支配的な場・領域（学校がその中核なのは言うまでもない）は、実生活と呼ばれるような生活現実とは異なる場としてイメージされている。そうした「教育的な場」での〈つたえる－学ぶ〉関係も、そこでの学習課題も、生きる現実で生起する問題とその解決から切り離して扱われることが普通だろう。しかし、これまで述べてきたように、生存権保障の教育をつらぬこうとすれば、教育を、生きる現実にいわば「中立的」であるいとなみとみなすことはできない。

むしろ、ケア的かかわり合いを不可欠の、核心的な要素とする〈生活－社会組織〉の場として教育、学校をとらえ直すべきである。〈つたえる－学ぶ〉場もプロセスも、子どもたちにとっては生きる現実の一部であり、「勉強する場所」と括ってしまうのは非現実的だ。そのように括ったとたん、「勉強」はそこで出てくる内容ともども、子どもたちがぶつかるリアルな困難や葛藤にコミットする力を失う。

こう述べていることは、〈つたえる－学ぶ〉関係の環境整備だけを指しているのではない。学校、教育が〈生活－社会組織〉の場であるためには、子どもたちの生活圏内にある居場所のひとつとなることと、社会に出てゆくために欠かせない「何か」をつたえることとを、切り離さずそなえなければならない。制度知・実用知（生活知）について述べてきたように、〈つたえる－学ぶ〉内容も、生きる現実に深くコミットする主題[*20]として位置づけられるべきなのである。学校教育だけが社会に結びつく踏み台ではないにせよ、人間らしく暮らし働くための資源を保障する公的機能と責任とを学校教育はになっている。

生存権保障の教育構想としてここで述べたことがらは、学校教育のさまざまな分野で積み重ねられてきた、そしていま現在も進められている実践のなかに埋めこまれているように思う。「人材開発競争に遅れてはならない」と叫ぶ教育改革政策がしゃにむに進められようとしているいま、それらの役割と意味とをあらためて検証することは、たんなる回顧にとどまらない重要な課題であろう。子どもの生きる現実に日々向き合う教育現場のイニシアティヴによってそうした検証作業が進められるならば、教育DX構想が唱える教育像の幻想は引きはがされるにちがいない。

〔注〕

＊1　いわゆる社会人教育では、社会形成の主体であることを権利として保障する観点がまったくと言ってよいほど欠けている。そこには、教育が主体性を育てるどころか無視し、傷つけさえする現実が反映されている。学校教育で「主体性」を発揮させる手法が試みられても、「社会人」になるためには、組織人としての自覚をもち、規律に従って振る舞うことが求められる。

＊2　たとえば、集団学習や集団行動のあり方を「いじめ」が規律するメカニズムは衆知のとおりだ。集団的学びの組織がこの点に踏みこんで検討されているとは言えない。

＊3　貧困について知る（学ぶ）という狭い範囲の課題ではない点に注意したい。なお、貧困や格差について知る（学ぶ）ことと現に存在する貧困とのかかわりについて、拙稿「世界史の中の貧困問題」（藤村泰夫・岩下哲典編『地域から考える世界史――日本と世界を結ぶ』勉誠出版、2017年）参照。

＊4　ロブ@大月編著『自殺するな！　生きろ！』彩流社、2006年。

＊5　「自分で働かず楽をしたいっていうか、まぁパートには出ますけど。それか、三五までには死にたいかなっていう。できても四〇までには死にたいなって。あんまり長生きしたくない。……未来が見えないっていうのもあるし、なんかあまり昔から長生きしたくない」（杉田真衣『高卒女性の12年――不安定な労

働、ゆるやかなつながり』大月書店、2015年)。

＊6　たとえば、いじめが引き起こす「生きづらさ」が、卒業後も長期にわたり持続する等々。

＊7　労働権や教育権に始まり、環境権、人格権から近年の居住権にいたる生存権理念の豊富化はこれを示している。

＊8　ただし、声や要求を主体性の発露という狭い枠内でとらえるべきではない。何も言わずにいる〈言えずにいる〉状態にひそんでいる「声」も聴き取られなければならない。以上の観点に立つ教育関係は、〈主体－客体〉、〈能動－受動〉、「教育的」等の観念に関する通常の了解を問い直す。たとえば、子どもの生きる現実に根ざすことで、「タリい」と動かない子どもを単純に「受動的」とみなすことができなくなる等々。

＊9　職業的社会化にかかわる教育は、部活をふくみ、多くの報告がある。三重県立相可高校調理部、富士市立高校ビジネス部などの、実生活内に教育・学習活動が組みこまれている例も、「ファッション甲子園」、「食の甲子園 inやまがた全国大会」等々のように、職業的スキルを競う例も、〈社会人〉への陶冶という観点から、それらの試みの意味を明らかにする必要があろう。地域経済循環に教育がどうかかわりうるかという論点、社会的経済の視点からそれらの活動を位置づけるという論点等々、職業体験教育という枠にとどまらない視点での検討が求められる。

＊10　拙著『「問題」としての青少年――現代日本の〈文化－社会〉構造』大月書店、2012年、276頁以下参照。

＊11　ただし、「保健の先生」という言葉が象徴するように、教育の場でのケア関係は「学習の場」と区別され、低い位置づけを与えられてきた。

＊12　「花の命は短くて、苦しきことのみ多かりき」「先なんかねえんだよ。あれこれ期待するな。世の中も人生も、とどのつまりはクソだから、ノー・フューチャーの想いを胸に、それでもやっぱり生きて行け」(ブレイディみかこ『花の命はノー・フューチャー』ちくま文庫、2017年)と、見通しのなさに開き直る生き方を述べることも、対面の一例。こう言い切ってしまう勇気を、学校教育がもてるとは思えないが、

根拠と保障のない幻想的希望を押しつけるのは有害ですらある。そうではなく、子どもたちの「生きづらい」現実を見据え、共に生きる側に位置する大人のすがたをつたえること――ケア的なかかわり合いの次元とはそうした関係のあり方を意味している。

＊13　藤川理恵「悲劇からの脱却」日本国家公務員労働組合連合会『ＫＯＫＫＯ』11号、堀之内出版、２０１６年、56頁。

＊14　コロナ禍をきっかけとしたリモートワークの普及は、ケア関係など後景に追いやられてきた労働現場でさえ、雑談の余地がある〈場〉が重要であることを浮き彫りにした。生産性の向上に役立つ「お喋り」の力が必要だというわけである。

＊15　人材開発に引き寄せる幼児教育が政策的に強調されることによって、保育分野での養育の実質的軽視が進んでいる点にも注意すべきである。自民党「国家戦略としての教育」（２００８年）が「国家戦略としての幼児教育の充実強化」を打ち出し、「幼児教育機能を施設横断的に強化する」よう求めたのはその現れであった。現行保育指針に、「幼児期の終わりまでに育ってほしい姿」が新たに記述され、小学校教育との連携が強く指導されるようになったのは、ケア関係を埒外におく学校教育へと保育実践を吸収してゆく動きである。

＊16　近代の教養観念には、教養主義に帰結するような単相の教養把握ではなく、実践的教養（ヘーゲル）といった、系譜の異なる教養把握も存在していた。なお、日本における教養観念の特質については、教養主義の形成とその社会的背景に関する検討が必要である。

＊17　ベネッセ教育総合研究所「専門学校進学という選択とその後」２０１７年。

＊18　友枝敏雄編『リスク社会を生きる若者たち――高校生の意識調査から』大阪大学出版会、２０１５年など。

＊19　『東京新聞』２０１９年11月29日、投書・18歳高校生。

＊20　生きる現実にコミットする主題は制度知や実用知に限られない。音楽、美術、ダンスといったアート分

野の〈つたえる－学ぶ〉関係が子どもの生に深くコミットしている例は枚挙に暇がない。ソーシャルアート、ソーシャルデザイン等の領域での、ケア的かかわり合いをふくんだ探求も数多く報告されている。演劇部のような部活動が「生きづらさ」感覚の克服とかかわりうることも指摘できよう。拙稿「文化部の〈青春〉」（青柳健隆・岡部祐介編『部活動の論点――〈これから〉を考えるためのヒント』旬報社、2019年所収）参照。

鼎談2　教育の人間的な基礎を取り戻す

世取山洋介・中西新太郎・谷口　聡

世取山――本書の締めくくりとして、いま進められている教育政策にどう対抗するか、ということを考えていきたいと思います。

まず、谷口さんは、経済政策に従属している教育政策・教育行政を一般行政から独立させる必要がある、と言われていますが（第3章）、「一般行政から独立した教育行政というのは何に依拠して展開することになるのか」、そのイメージを話していただきたいと思います。

特に、少ないとはいえ教師は一応組織化されているわけですけれども、日本の教師たちが一般行政から独立した教育行政のなかで「いったいどういうにない手になるのか」「にない手になるべきなのか」、あるいは「いま、何が不足しているのか」ということについて、意見をいただけないでしょうか。

谷口――教育行政をどのように統制するか、その主体のひとつに教員集団があると思います。加えて、

2021年義務標準法（公立義務教育諸学校の学級編制及び教職員定数の標準に関する法律）の改正による学級編成標準の引き下げ（40人から35人へ）は、教員集団、教育学者、そして保護者など、教育に携わるあらゆる人たちの要望が集約された成果という側面があり、近年あまり見ない政策動向だったと思います。

その背景としては、コロナ禍において学校や教員の存在意義が、あらためて認識されたことがあります。当時の安倍首相による突然の要請により、全国の子ども、保護者が、何の事前準備もできないまま2か月の休校に突入し、共働き世帯や母子家庭・父子家庭を中心に子どもの学びや生活をどうするのかという問題に直面しました。結果、資格を有している専門家集団、つまり教職員がいる学校に、子どもが決まった時間毎日行き、子ども同士や大人とのかかわりのなかで学び、遊び、会話し、食べるということの意義が、再確認された。安定的な時間、空間、人間関係のなかで能力を全面的に発達させていく場としての学校の意義が、コロナによって浮き彫りになった。そう考えると、コロナ禍を契機に起こった学級編成標準を引き下げるという要望は、コロナ対策に必要なソーシャル・ディスタンスを保つという意味以上に、豊かな人間関係のなかで発達していくために必要な条件整備を求める声だったととらえられる。学校は、経済や一般行政の論理から自律して子どもの生活や実態に即した学びを保障する場でなければならない、教育行政はそのための条件整備をしなければならないという潜伏していた課題が、顕在化したのではないかと私は思っています。

経済や一般行政から自律し、子どもの人格の全面的発達を保障するという教育目的は、これまで教育に携わる人たちのあいだで共通認識となっていなかったと思います。たとえば、平和教育や平等に教育を保障しようという理念は、ある程度共有されています。しかし、子どもの人格を全面的に発達させるという理念は共有されていない。その理念が共通認識となれば、なぜ、教育と教育行政が経済や一般行政から自律していなければならないか、そのうえでどのような教育と教育行政でなくてはならないかが明確になるのではないかと思っています。

世取山——次に、中西さんには、教育においてケアをキーワードにして考えるという点で、話をしていただきたいと思っています。中西さんは、ケアを中核にした教育、さらにおそらくそれと密接に関連しているのでしょうが、実用知から入る教育などの問題を提供されています。その場合のケアとはどういうものとして考えるべきなのか。通常、教育学研究者は、教育は教育としてあり、ケアはケアとしてあって、ケアはカウンセラーがやることだという区別をしてしまうのですが、ケアを教育の中核、あるいは基礎におく教育というのはどういうものなのでしょうか。そのなかで実用知とは、どういう機能を果たすのでしょうか。

中西——ケアの理念やケア関係の社会的機能・位置づけについて、最近、さまざまな分野から関心が寄せられています。たとえば、アートとケアのかかわりといった主題はこれまであまり考えられてこなかったと思います。ケアの理論的検討はフェミニズムからのアプローチが早かった。というのも、ケアといういとなみが女性の社会的役割として固定化されていることへの批判がある。性別役割分業の一環としてケアが女性ジェンダーに構造的に割り振られてしまうことへの批判から、ケアの理念やケア的かかわり合いの特質をどうとらえるかという追求がなされるようになってきました。

ケアという言葉を聞いて人が一般に思い浮かべるのは、看護や介護、あるいは、子どもの世話をする保育（養育）といった仕事でしょう。そのように思い浮かべられる仕事を女性がになうものという固定観念も強く残っています。なぜそうなるのか、ケア関係のあり方を社会構造と結びつけて問い直す必要があるということです。そこで、ケアの位置づけやケア関係のあり方を社会形成のロジックに埋め戻してとらえるべきだという議論が出される。エヴァ・フェダー・キテイやジョアン・C・トロントなどの主張です。民主主義という統治形態はケアとどうかかわるのかといった論点がたくさん出されています。日本では岡野八代さんがケアを組みこんだ社会理論を提唱していて、私もその主張に共感します。

ケアの理論的位置づけに関するこうした動向を踏まえると、看護、養護などといったケアワークの領域についての検討はもちろん重要だけれども、それと並んで、社会編成の一次元であるケア関係の特質をどうとらえるかという論点も出てくる。ケア的かかわり合いは社会生活のあらゆる場面に出現するのです。ヤングケアラーのような社会問題を見るまでもなく、家族関係にはケア関係が中心的要素として存在しています。機能主義的に組織されていると考えられている労働の場にもケア関係の次元は伏在しており、排除できない。ケア関係の核心は相互的配慮ですが、職務上のタスク遂行にかかわる相互配慮が規定されていさえすればよいというわけにはゆかない。なぜなら、働くこともふくめ私たちの生活のすべては生の一様相であるから、「ここは余計な（規定されている以外の）配慮は不要な場面」というように自分の生をきれいに切り分けることができないからです。相互配慮の必要を感じる「遠近」はもちろんあるでしょう。職場の同僚が具合悪そうなときは「どうしたの、だいじょぶ？」と尋ねるけれど、道端で見知らぬ人が同じ様子だと、つい見て見ぬふりをしてしまうというようにです。しかし、後の場合でも、「見て見ぬふりをする」のは、配慮を発動させたほうがよい状況だという認知があるからです。つまり、ケア的かかわり合いの次元がそこに出現しているからです。

ですから、社会生活のあらゆる場面で、ケア関係の次元はこのように普遍的に存在をしていて、ケア関係にまつわるさまざまなスキル、あるいは矛盾などが、現実に非常に多く存在しているわけです。

さて、そこで、学校教育、教育－学習過程でつくられる関係について考えてみます。学校生活にケアにかかわる領域があるのはあたりまえで、養護の部分、生活指導と呼ばれてきた部分など、ケア関係が中心の領域が学校教育のしくみには組みこまれてきました。ただ、それらは、全体として、世取山さんが言われるように、教育－学習の領域と区別され、ある部分はケアの専門職がになうというように、教育にとって外的なものとみなされています。スクール・カウンセラーなど、近年では、そういう傾向がより拡大していて、それはそれで、学校教育領域でケアワークをどう位置づけるべきかという課題を生んでいます。

ケア関係のこうした外在化は、教育－学習の領域をいわば「純化」して、ケア的かかわり合いがこの領域では存在しないかのような錯覚を強化させています。教育－学習上での課題を達成するために、何をどうつたえ、学ぶことが必要で有効なのかが問題というわけです。

ですが、〈つたえる－学ぶ〉場やプロセスのなかには、先ほどのケア理解に従えば、ケア的かかわり合いの次元が必ず入りこんでいます。授業の場で何かをつたえることが単純な情報のやりとりでないことはあたりまえですね。子どもが学ぶプロセスを見ても、「できる－できない」「わかる－わからない」という基準だけで測れない状況がある。むしろそれがあたりまえで、相互配慮がどうはたらいているかいないかをリアルにつかめなければ、「つたえる」も「学ぶ」も、その核心的な要素について見落としてしまうことになります。幼児保育、それから学童保育もそうですが、ケア関係を切り離して〈つたえる－学ぶ〉といういとなみをとらえることはできないし、そうしてはいけないのです。そう考えると、学校生活で、いわゆる勉強の場面だけがケア関係の存在を後景に押しやってしまうのは、まったくのまちがいだと思っています。

医療のように、病を治すという明確な目的のために行う治療は、教育よりもさらにはっきりケアと区分されますが、ケア関係の次元が治療のプロセスから排除できるかと言えば、そうではないようです。精神医療分野での臨床家の方々の著作を読むと、ケア関係の次元がどうはたらいているかをつねに念頭におきながら、治療の可能性や意味をつきとめようとされている。私にはそう受けとれます。ましてや学校教育では、ケア関係の次元を教育そのものの成立にかかわる領域として位置づけないことはおかしい。

教育ＤＸ構想は、教育におけるこうしたケアの次元を外在化する方向にあると思います。「個別最適化」プログラムによって教育－学習プロセスはケア次元を出現させない無矛盾のかたちで組織できると想定し、問題が生じる場合には、個別的「ケア」の領域で処理すればよいという発想です。ケア関係を社会形成の一環に位置づけるという発想はない。教育関係の全体を相互配慮にかかわる領域を組みこんで構想するということもない。それでは、いま日本の教育が直面している困難に立ち向かうことはできないと思います。

次に、教育－学習過程にケアの次元を位置づけることが、いわゆる実用知のとらえ直しにつながることをお話しします。

たとえば、工業高校の教育では、工業技術を中心に教えるわけですよね。しかし、工業高校を卒業して、いずれ地域社会のなかで街場の自営業者になってゆくような場合に何が大切かと言うと、工業技術は知識、スキルとしてはもちろん不可欠だけれど、それだけではなくて、地域のつながりのなかで事業者としてやっていくための人間関係のあり方や人への配慮といったことがらが、実は、とても重要です。これらがケア関係の次元をふくんでいることはたしかですね。

しかし、工業高校の教育－学習過程にそうしたプログラムが系統的に組みこまれているとは言えません。工業高校は、工業技術の知識・スキルを教え、その知識・スキルをもとにある職能をになう職業に就いていくコースとして想定されているからです。そうやって、現実にはケア次元を排除できない実用知を単純化し、端的に言えばスキル習得・訓練のプロセスへと矮小化してしまう。

実用知という言葉からして、そういう錯誤のもとで矮小化させられています。私は制度知・実用知（生活知）とセットで使っていますが、それらはいわゆる学校知との対比で、系統性を欠いた卑近で応用的な知識ないしスキルとされ、「格下」に扱われることが多い。「大学は実用知を教える場所ではない」といった具合に。ですが、「市民としてどのように行動するか」を実地の課題として身につけるのは実用知で、市民権の保障という課題（教育の課題でもある）に必須のはずです。働くこと、生活すること、社会人として活動すること、要するに社会生活のすべての領域で実用知が必要なので、それらが教育－学習過程にきちんと位置づけられるべきです。位置づけるとは、これまでの実用知の扱い方ではダメということで、社会編成におけるケア関係のあり方がどうなっているかという視点をもつと、実用知の位置づけ方がちがってくると思います。

そうとらえると、実用知の教育をスキル習得・訓練の場に矮小化する考え方、政策との対抗関係が実用知を学ぶ広大な場面でつくられてゆくことになるでしょう。

世取山――僕は、18歳から22歳くらいの青年にたいする教育をになっている教師ですが、そのなかで学生たちが職業選択をする場面に付き合うわけです。最近、一番印象的なのは、働く喜びがどこにあるのかということについて一切了解がないことです。つらいけれど就職する。それがすべてなのだ、ということになっています。しかし、本来、人間の労働というのは、他者の要求を満たしていく作業で、自分がつくったものを通して他者の要求を満たすことができることを見て喜びを感じるという、こういう関係のはずなんですよね。ところが、そうしたことは、一切、いまの就職活動から抜け落ちていて、他者が喜んでくれることが自分の喜びになるという、この一番基本的な部分が労働から消えうせているという点が、特徴かと思っています。

中西さんが言われたことは、この点とも関係しているでしょうし、僕の場合はケアという言葉を使わず総合的な人間関係や受容的応答的人間関係という言葉を使って、弱い者の要求を力のある者が実現していくプロセスとして教育を考えてきました。弱い者の要求にたいする配慮というのが当然、社会化されなければいけないし、実は教育とはそういう作業なんだと、僕の場合はとらえてきたんですね。

そういう意味では、ケア的関係は、他者の喜びが自分の喜びになるという、非常にオーソドックスなものにつながっていくと思うのですが、そこのところが日本の教育全体から抜け落ちたかな、という気がしています。あるいは労働世界からも抜け落ちてしまったのではないか、というふうに最近考えるようになったんです。

さて、別の論点ですが、福祉国家構想研究会の立場としては、教育行政の一般行政からの独立というよりも、むしろ、ほかの領域との共同について、どうしても考える必要があるでしょう。これまで話してきた新自由主義的な人格陶冶に対抗するために、教育運動は当然必要ですが、他の領域との連帯について、何かいいアイディアがありましたら、お話しください。

谷口——いまの教育政策は、首相官邸、経産省、文科省などの政府内連携のもとで進められています。

しかし、先にも述べたとおり、教育は、目の前の子どもの実態や要求に即して行われるべきであり、また、人間の内面形成や真理にかかわる領域であり、政治権力、経済権力に支配されてはいけません。そのため、教育の条件整備をになう教育行政は、一般行政から独立して機能する必要があります。

では、教育と他の領域との共同は許されない、あるいは不要かと言えば、そんなことはありません。なぜならば、いま、政府内連携で進められている教育政策は、大企業の資本蓄積に最適な社会と人間をつくろうというものであり、人間のあり方、生き方自体を組み替えていこうとするものだと思われます。つまり、一人ひとりが個性と尊厳をもち、それぞれが幸福追求する権利をもった主体だという人間観を転換しようとするものです。そのことは、健康に学び、働き、生きることを基本的な人権とする考え方とは対立します。

そのため、シンプルなようですが、一人ひとりの人間の幸福追求に最低限必要なものは何かという視点が、教育だけでなく、医療、労働などの他の領域との共通の土台になると思われます。そして、共通の土台を保障する税財政、経済のあり方はどのようなものか、国や地方自治体はどのような役割をになうのかが課題となります。学級編成標準の引き下げも、国家による財源保障なくして成立せず、教育の領域から財政政策の転換を求めるものです。また、学級編制標準の引き下げは、子どもの豊かな学びのための施策であり、同時に、教職員の労働環境を改善するものでもあります。このように、教育と他の領域は地続きです。

問題は、何を軸に連携、連帯するのか。大企業の資本蓄積のためなのか、人間の幸福追求、基本的人権のためなのか。そして、その軸に則した場合、各領域のうちどの範囲を独立、自律したものとするのか。また、それを保障するためには、どのようなしくみが必要なのか。このような区分が重要だと考えます。

中西――新自由主義的な陶冶構想というものが、「個別最適化社会」という社会像――これは新自由主義ディストピアですが――の一環だという話をしました。

個別最適化という考え方、あるいはデータ駆動型という考え方の大本を見てみると、福祉国家が追求するような理想の実現には、社会資源が限られているために限界がある、という前提があります。こうした認識は高齢化社会のなかでより顕著になっていて、資源が有限だという認識を前提にしながら、いかに効率的に個人の幸福と社会のあり方を調和させるか、というように問題を設定する。

つまり、教育構想というよりは、考え方の根底は、社会をいかに考えるかという話で、福祉国家構想が追求しているようなあり方と対極的な社会のすがたが想定されている。福祉国家など実現できるはずもない。個人と社会の関係をふくめ社会・経済システムの効率性を極限まで高める手法を開発することで、「効率的な」（社会保障・福祉資源を食わない）生き方を「自発的に」選択させる、そういう社会を実現しようというわけです。

ですので、個別最適化やデータ駆動という手法は教育分野ではよさそうに聞こえるのですが、社会保障、福祉のような領域では、資源をなるべく投下しない手段に用いられると思います。すでに英米などでやられている、受給制限や保障削減にデータ駆動などを「活用」する方向です。それは同時に、マイナカード押しつけに見られるように、一人ひとりに目を届かせる緻密な統合秩序、新自由主義的な社会統制を確立してゆこうとするものです。そうとらえると、それぞれの現場での必要と要求にもとづいて、「こういうことをどうしても実現したい」という声と運動のネットワークを広げ、社会的合意をつくらなければならない。また、その過程で、デジタル化を口実とする社会統制にたいして下からの統制、民主主義的な社会形成のあり方を具体化してゆくことも重要だと思います。

最後に、歴史的な視点で見ると、トータルな社会像をめぐっての対抗が浮上していることにあらためて注目したいと感じています。たとえば、オルタナティヴ工学という考え方があります。簡単に言うと、道路の信号や標識を全部取っ払う、子どもが道路で遊んでもいい、それでなおかつ成り立つ交通のかたちを考える。ヨーロッパ各都市で実証実験が行われているようですが、テクノロジーの思想自体を問い直す発想です。言ってみれば、資本主義システムを前提とする効率等々の観念を崩そうとする発想です。社会のあらゆる分野でそうした問い直しが生まれている、そういう時代を迎えていると思うのです。

コロナ禍で、一方では、徹底的に新自由主義的な社会を構想するという道と、他方では、それではもう生きてゆけない、ちがう社会のあり方を追求する道が顕在化しています。

日本でもそうした対抗は、潜在的にではあれ、広がっているように思います。すぐにはわかりにくい現象からも、社会・社会生活に関する対抗的なあり方を汲み出せるし汲み出してゆかなければいけない。コロナ禍でルーティンの社会生活が制約されることで、現実に多くの困難にぶつかっているのですが、これまで表面化していなかった振る舞いが出現しています。料理しているところを数時間ネットで見続けることが流行っていると言います。効率的生活を追求させようとする側から見れば、無駄な時間を過ごしているだけ。どうしてそんな配信が人気になるのか考えるとおもしろい。新自由主義的な世界を成り立たせているメカニズムや秩序からの離脱感覚が垣間見えるように私は感じます。異なるつながり方や能力とか、相互関係と世取山さんが言われましたが、その入り口を示唆するような現象があちこちから芽を出しているのが現在だと思うのです。

新自由主義的な社会・経済体制に対抗するとは、具体的な課題についての対抗であるだけではない。自分の生活や感じ方を包囲している新自由主義的な現実への違和感、忌避感の現れをリアルにとらえ、対抗的な社会に向かうための「資源」として位置づけることも重要です。DX構想は社会の全面にわたる新自由主義化をめざしており、「全面にわたる」とは、その社会で生きる人間のあり方をも変える、社会改造が同時に人間改造をともなう。だからこそ、新自由主義社会を生きる「人材開発」が教育DXで叫ばれている。「いや、人間はそんなふうには生きられない」という対抗をふくめて、社会のすがた全体をとらえる対抗が迫られているのではないでしょうか。

世取山——現在の教育改革は、人間観から制度にいたるまで包括的に展開されていて、我々としても包括的に対案を示すことが急務となっています。そのことを確認し、この本を閉じたいと思います。

あとがき

本書は、「まえがき」でも記したように、2021年9月25日に開催された「福祉国家構想研究会公開連続講座「いま、社会変革に何が必要か」〈第4講座〉新自由主義教育改革の現段階と対抗戦略――なぜ今「できるようになる教育」なのか?」における報告および質疑をもとに編まれたものである。

この講座を企画した世取山洋介氏と大月書店の角田三佳氏によって出版企画が立てられたのだが、その具体案を検討しはじめた直後に世取山氏は病に臥され、2021年11月に逝去された。出版企画はその間に中断したが、「世取山さんの問題意識(危機感)を無にしたくない」という思いで角田氏と執筆者が共鳴し、再始動した。その問題意識とは、我々が20年以上にわたって批判的に分析(中西新太郎ほか著『講座　現代日本4　日本社会の対抗と構想』大月書店、1997年、福祉国家構想研究会・世取山洋介編『公教育の無償性を実現する――教育財政法の再構築』大月書店、2012年など)してきた新自由主義が、現代においては「ある種の人格を上からつくりあげる」ところにまでいたっており、「その対案を示すことが急務になっている」というものである。

本書が示したのは、教育DXによって進められる「個別最適化された学び」は、学校や社会における能力主義の純化・先鋭化と結びついて政財界の求める人的能力開発（人間育成）を実現しようとしている、との仮説である。これにたいして大げさな「ディストピア」を描いているとの批判も予想される。たしかに、教育ＤＸは現在進行形の政策であり、「個別最適化された学び」は政策用語として定着しつつあるが、制度改革や教育実践としての具体像は検討の最中にある。そのため、本書の仮説が外れる可能性はある。ただ、これまで新自由主義を批判的に分析してきた我々の立場から現在の政策動向と議論を見据えたとき、そこには十分に起こりうる問題が存在しており、警鐘を鳴らさなければと考えたのである。我々の仮説がただの取り越し苦労で終わり、「ディストピア」が実現しなければ、それに越したことはない。本書の読者が教育ＤＸと「個別最適化された学び」にたいする見方を変え、その結果、政策、実践、運動に変化が起き、仮説が外れることを願っている。

本書のもととなった上記講座の数か月前、私は世取山氏と打ち合わせをした。その際、私が「『個別最適化された学び』とデジタル化の連動はこの先の5年間ほどで行われる学習指導要領の改訂で本格化する、注視しなくては」と話したところ、同氏は強く同意してくれた。私が大学院生の頃からおよそ20年間、同氏は私の素朴な見解にいつも関心をもって応答（同意や批判）してくれた。そのことが、私が研究を進めるうえでどれほどの励みになっていたか、本書の執筆中に何度も痛感した。その世取山氏亡き後、上記仮説が実現しないよう、教育ＤＸ・「個別最適化された学び」の研究を続けていかなくてはならない。不安はあるが、本書の読者が同じ問題意識をもち、共にその仕事（「生計のために従事する業務」という狭義ではなく、「すべきこと」という広義の意味で）にとりくんでくれることを期待している。
最後に、角田氏は、本書を企画し、執筆者を温かく、また、粘り強く励まし続け、最後の最後まで的確な編集をしてくださった。角田氏の存在がなければ、世取山氏の最後の仕事となった本書が世に出ることはなかった。心より御礼申し上げたい。

2023年2月1日

谷口　聡

著者

中西新太郎（なかにし　しんたろう）1948年生

横浜市立大学名誉教授

主な著作：『「問題」としての青少年――現代日本の〈文化−社会〉構造』（大月書店，2012年），『若者保守化のリアル――「普通がいい」というラディカルな夢』（花伝社，2019年），「〈データ駆動型社会〉の幻想と現実――ケア関係の視点から」（『唯物論研究年誌』27号，大月書店，2022年）

谷口　聡（たにぐち　さとし）1979年生

中央学院大学商学部准教授

主な著作：『公教育の無償性を実現する――教育財政法の再構築』（共著，大月書店，2012年），「教育の多様性と機会均等の政策論的検討――教育機会確保法案の分析を通じて」（『教育制度学研究』23号，2016年），『コンメンタール　教育基本法』（共著，学陽書房，2021年）

世取山洋介（よとりやま　ようすけ）1962年生（2021年逝去）

元新潟大学人文社会・教育科学系教授

主な著作：『公教育の無償性を実現する――教育財政法の再構築』（共編著，大月書店，2012年），「教育法学の境界――新自由主義教育改革の新段階のもとでの再定位」（『日本教育法学会年報』50号，2021年），『コンメンタール　教育基本法』（共著，学陽書房，2021年）

編者

福祉国家構想研究会

新たな福祉国家型の社会再建をめざして，現代日本の状況を批判的に分析し，対抗構想を提起する。医療・教育・雇用・税制・財政・政治などの諸領域における研究者と実践家からなる研究会。

DTP　岡田グラフ
装幀　宮川和夫事務所

教育DXは何をもたらすか
――「個別最適化」社会のゆくえ

2023年3月17日　第1刷発行

定価はカバーに
表示してあります

著　者　中西新太郎
谷口　聡
世取山洋介

発行者　中川　進

〒113-0033　東京都文京区本郷2-27-16

発行所　株式会社　大月書店

印刷　太平印刷社
製本　中永製本

電話（代表）03-3813-4651　FAX 03-3813-4656　振替00130-7-16387
http://www.otsukishoten.co.jp/

ISBN978-4-272-41267-9　C0037　Printed in Japan